AMINOGE Nº111

Cover PHOTO
KUNIYOSHI TAIKOU

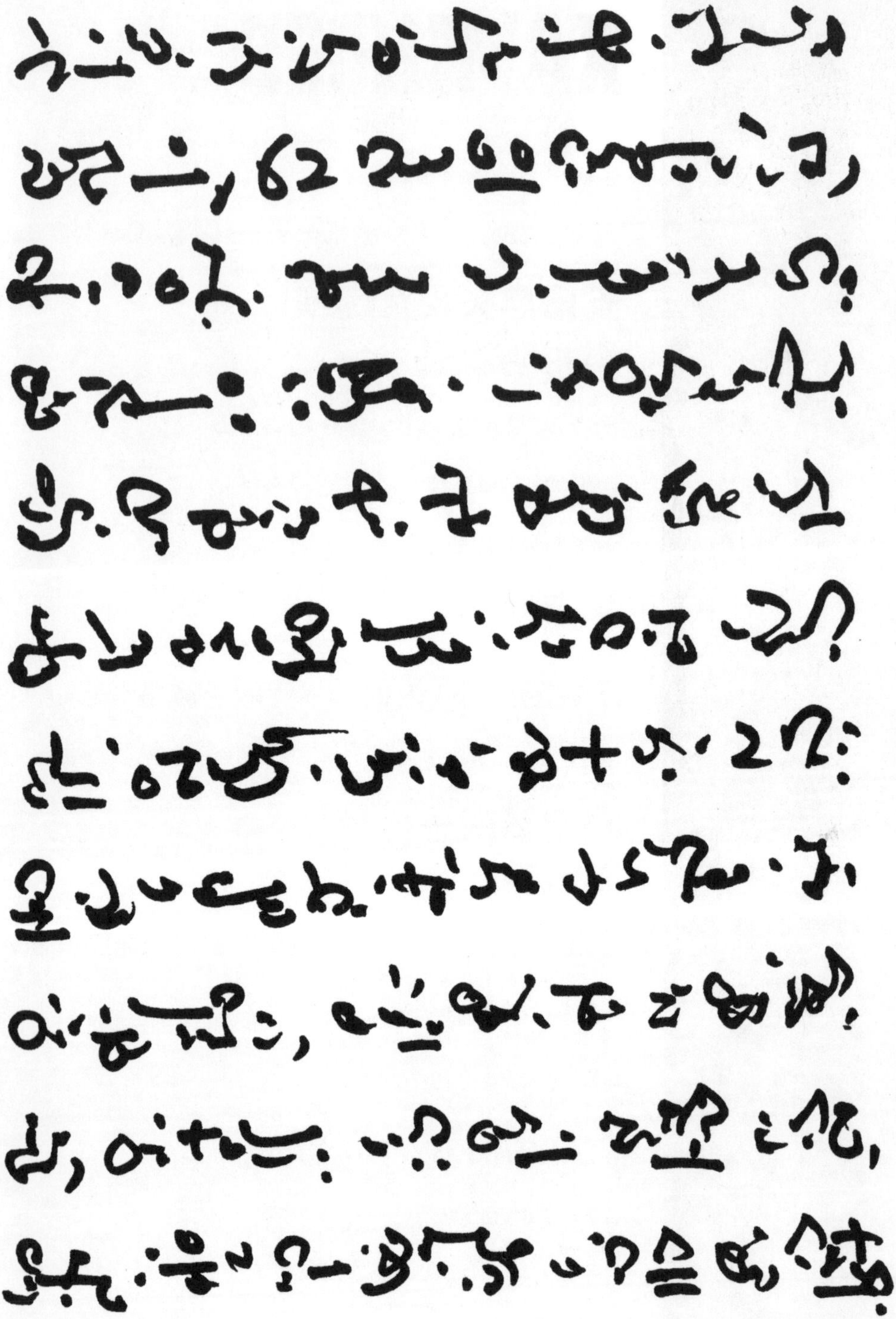

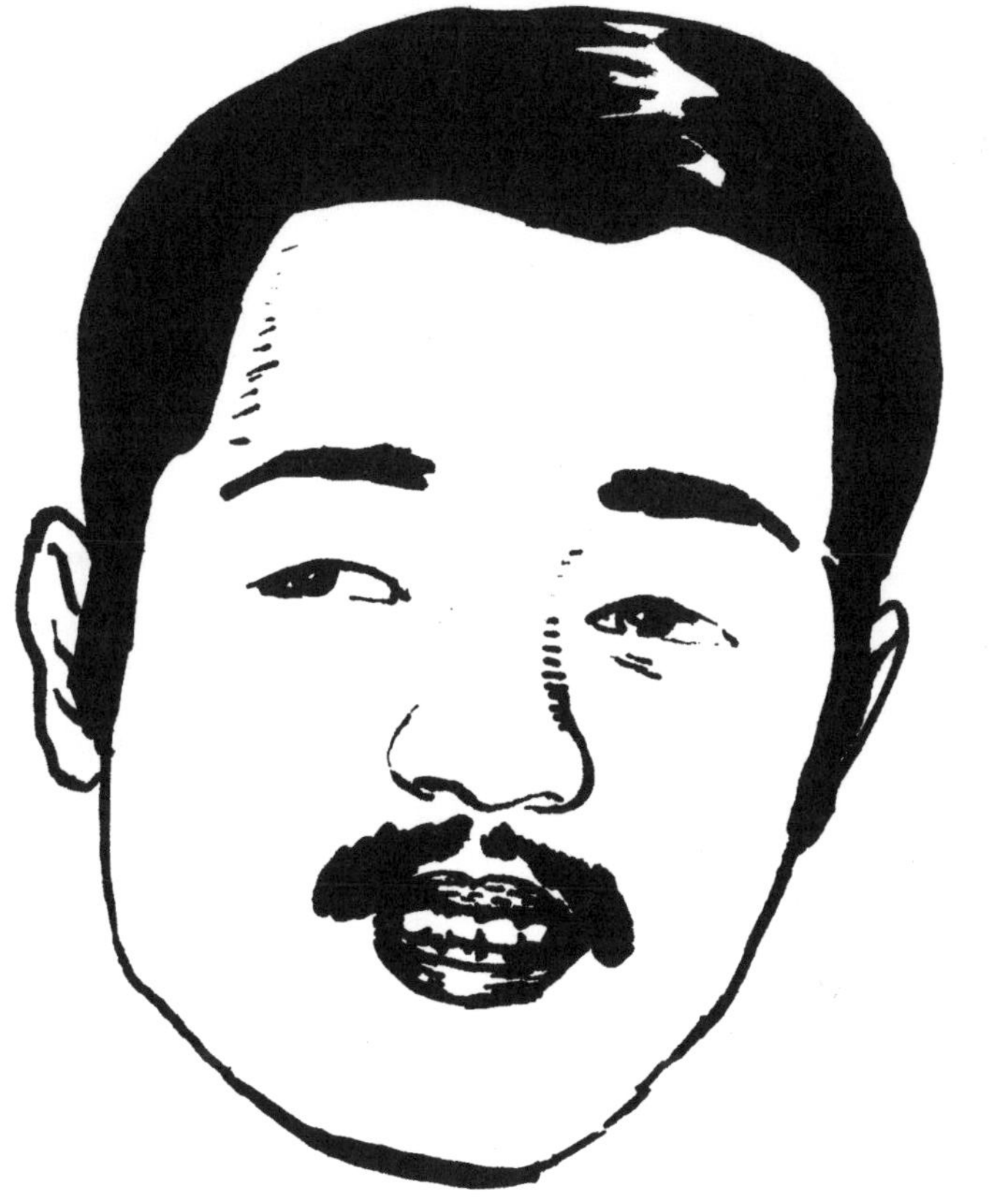

KAMINOGE COLUMN

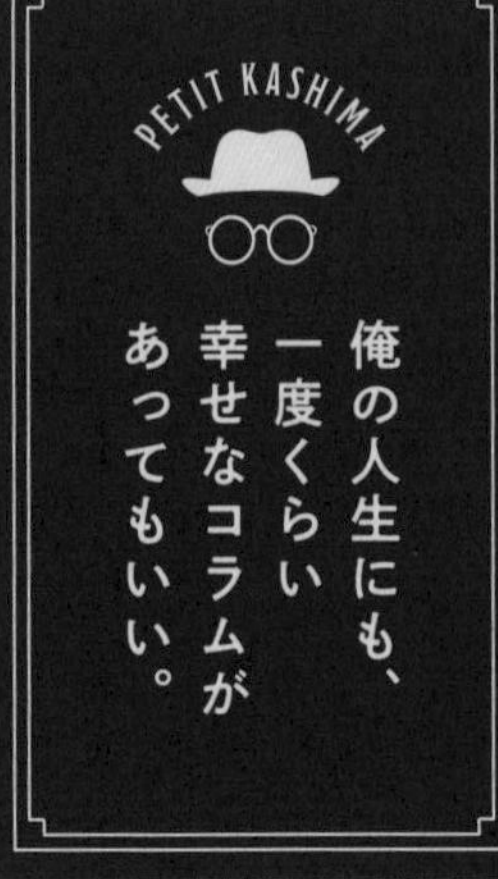
PETIT KASHIMA
俺の人生にも、
一度くらい
幸せなコラムが
あってもいい。

VOL.110

陰謀論とは何か?

プチ鹿島

プチ鹿島（ぷち・かしま）1970年5月23日生まれ。芸人。謎の時事ネタ配信番組『ヒルカラナンデス』。検索してみてください。

最近、陰謀論にハマっています。いや、陰謀論・論にハマっています。

私は陰謀論は嫌いではない。むしろワクワクしちゃう。でも用心深いかも。プロレスとかテレビとか昭和のグレーなものに鍛えられた経験があるからだろうか。映画史・時代劇研究家の春日太一さんと最近盛り上がったのもまさにこの点だった。

不透明決着の連発に「もう騙されないぞ」とか、記事を読みながら「果たしてこの情報は本当なのか」と怪しむ日々の連続。プロレス以外のジャンルでもそんな経験を普通にしていた。あの免疫がいまに役立っているのかもしれない。「半信半疑」を学べたのかもしれない。

先日、新聞に掲載された『月刊ムー』編集長の言葉が印象的だった。

『ムー』ではまだ、トランプ支持者と重なり合う陰謀論集団「Qアノン」を本格的に特集はしていないという。それはなぜか?「検証するとすぐにおかしいと分かる事柄が組み合わさっていて、ムー読者からするとまだまだ甘いと思うのでは。日本で盛り上がっている人は、陰謀論への免疫が足りないような気がする」（朝日新聞2月2日）

餅は餅屋というか、あのムーにまだまだ甘いと言われてしまうことで「Qアノン」のずさんさがあらわになった。ある意味痛快かもしれない。しかしだからといって『ムー』を絶賛するのも極端な気がする。

というのも先ほどの新聞記事にはこんな記述もある。歴史学者の呉座勇一氏は陰謀論を「面白半分で放置するのは危険だ」と語っている。実際にトランプ支持者は議事堂突入という事態を引き起こした。これは海外だけのことなのか？「日本でもオウム真理教は事件を起こすまではテレビなどで面白がられていた」（呉座氏）。たしかに！同じ記事で『ムー』編集長は言っている。「1980年代後半から90年代にかけての陰謀論は、サブカルチャーなどの形で受容されてきた」。そうなんです、この記事では言及されていないが「オウム」と「サブカルチャー」は繋がっていた。しかも『ムー』が紹介していたのである。

3年前に松本智津夫死刑囚の刑が執行されたとき、中学生時代から麻原ウォッチを続けていた記者が振り返っていた記事がある。

購読していた『月刊ムー』1985年10月号の読者投稿欄。ヨガ道場「オウム神仙の会」を主宰する「麻原彰晃」なる長髪男が、空中に浮いている写真とともに「驚異の空中飛行に成功した」という文を寄稿。そのあと麻原はライバル誌にも登場し、瞬く間にオカルト業界に名を広めていった(日刊スポーツ2018年7月7日)。

中学生だった記者はこの一連の流れがインパクト抜群だったと書く。

《「怪しい魅力」を強烈に放っていた。バブル初期の日本。彼が発する何かが、浮かれ始めた世間にむなしさを感じていた一部高学歴層らの心を直撃したプロセスは、理解できた。》

当時のサブカルシーンで注目されたオウムはテレビにまで進出した。私は記者と同世代だ。当時の気分を思い出すとはっきりとした記憶がある。メディアに出てきた当初のオウムは「怖くなかった」のである。いまからすれば信じられないと思う。でもたしかにそうだった。それより「へんないきもの」感があった。だからキャラが重宝がられるテレビにも呼ばれたのだろう。しかしそのあと信じられない事件を起こした。

面白半分で見物しつつ、飼いならしたと思っていた「へんないきもの」がある日、口中を血だらけにして平然と人間を食い殺していた。呆然とするしかなかった。

マスコミとかバラエティとか文化人とか、誰が悪いというんじゃない。私だって「あぁ……やっちゃった」という何とも言えない後味の悪さを感じたくらいだ。オウムを懐疑的な目で見つつ、でも半笑いしていた自分に後ろめたさを感じた。あの時代を体験した人はおそらく同じ思いだろう。そうそう、オウムが衆院選に多くの候補者を出して惨敗後に言いだしたのは「不正選挙だ」という主張だった……。陰謀論への対処として伝えていきたい。

では、なぜ陰謀論が人気があるのか。キーワードは「わかりやすさ」だ。単純化した話は響きやすい。先日、ある俳優が陰謀論にハマりかけた理由をツイッターで述べていた。要約すると、ネットの見過ぎで陰謀論を信じかけたけど、よく考えたらそもそも知識がないし、知る努力をめんどくさがっていた。でもちゃんと調べなくてもネットを見たら楽に賢そうな気分になれたと。

この体験談は貴重です。陰謀論はおどろおどろしくやってくるのではなく、コスパを装ってすーっと近づいてくるのだ。私にもあなたにも。いくら面倒でも「事実」をきちんと見ていくことの大切さを俳優は教えてくれた。楽して何かを得ることはできないのだ。

そう考えてみれば長くプロレスを見ている人にはマメな気質が多い。だっていまだに30年前以上も前のプロレス史の新しい証言とか事実とか言われたら喜んで読むではないか。しかも鵜呑みにするというより引き出しが増えた感じで楽しんでいる。ゴシップすら淡々と読み比べ、胸にためておく。

この俯瞰した態度はいまの時代に有効ではないだろうか。

安田忠夫 & AYAMI

「人生は後悔しかないから振り返らない。
幸せな家庭を作った時期もあれば、
相撲で関取にもなれたから
いいんじゃない？」

「みなさんには本当にたくさんの
ご心配をおかけしました。
いま私たちはみんなと～っても
幸せに暮らしています（笑）」

あのバンナ戦後の伝説の親娘肩車から 20 年。
定期的に気になる借金王の近況に迫る！

KAMINOGE THE PIGGYBACK

収録日：2021 年 2 月 11 日　撮影：タイコウクニヨシ　写真：平工幸雄　聞き手：井上崇宏

「制服を着てるときは安田忠夫でもなんでもなく、ただの身体の大きな警備員ですから」(安田)

——安田さん、そしてAYAMIさん、今日はよろしくお願いします。まず、大変失礼ながら驚いてしまったのが、どうやらAYAMIさんが幸せにお暮らしになっているということで(笑)。

AYAMI えっ、なんで驚くんですか?(笑)。

——安田さん、これは快挙ですよ、快挙!(笑)。

安田 ガハハハハ! 快挙だよね、やっぱり!(笑)。

——あの安田忠夫さんの娘さんが結婚をして、4人もの子宝にも恵まれ、やさしくて働き者の旦那さんと仲良く暮らしてるって、これは絶対に世に伝えたほうがいいなと思いまして(笑)。

安田 それは言えてるかもしれない。ぜひ伝えてください(笑)。

——あの大晦日の猪木祭り(『INOKI BOM-BA-YE 2001』さいたまスーパーアリーナ)のリング上での肩車から20年。まあ、普通に考えたら娘さんにはその後、修羅の道が待っていたはずなんですよ(笑)。

AYAMI えっ、ホントですか?(笑)。

安田 なんか去年の大晦日(『RIZIN.26』さいたまスーパーアリーナ)でも、あのときの映像が流れたって聞きましたよ。俺にカネよこせって。

——カネよこせ(笑)。安田さんって、ひょっとしていま駅のホームで警備員をやられています? ネットでちらほら目撃情報があるんですけど。

安田 ああ、はいはい。でもそれはだいぶ前ですよ。いまは駅にはたまにしか立っていないですよ。

——警備会社にお勤めなんですか?

安田 まあまあ、いちおう契約社員で、もう籍は5年くらい置いてあるんです。すぐ辞めるかと思ったけど。

——それはご自身の予想ですか?(笑)。

安田 はい。「どうせ無理だろ」と思ってましたよ(笑)。それでやったら「こんな楽な仕事はねえな」って。

——いやいや、警備員のお仕事も大変でしょう(笑)。

安田 いや、どんな馬鹿にでも務まるんですよ。ただ立ってりゃいいんだから。

——そんなわけにはいかないですよ。

安田 いやいや、ホントそうなの! 途中、鳶の仕事とか解体屋さんもやったりしたんですけど、やっぱり警備員が楽だわ。

——安田さんが同じ場所で5年勤めてるっていうのは最長記録なんじゃないですか?

安田　そんなことないでしょ。相撲協会とかはもっと長いよ。
――あっ、相撲とプロレスは別としてです（笑）。その後の人生で。
安田　それなら最長ですね。でも、そうやって言いながらも半年くらい飛んでるんでね。
――なんで飛んだんですか？
安田　建築関係の社長から「ちょっと横浜で仕事があるんだけど、人がいなくて困ってるから、やっさん、アパートも用意するから来てよ」って言われて8カ月くらいそっちに行ってたんですよ。それが去年の話で、だからその前までは駅で立っていましたね。新茶にいましたから。
――新御茶ノ水駅ですよね。「ホームに安田忠夫がいる！」ってネットに画像があがってます（笑）。
安田　べつに制服を着てるときは安田忠夫でもなんでもなく、ただの身体の大きな警備員ですから。楽だし。
――楽だし（笑）。10年以上前に安田さんに取材をさせていただいたときは、錦糸町のレンタルルームで働かれていたんですよ。そこにお邪魔させてもらったときは「楽だよ。座ってりゃいいんだから」っておっしゃってたんですよ（笑）。
安田　あー。あそこはそうは言ってもね、客が部屋を使ったあとに片づけがあるでしょ。警備員はなんもないからね（笑）。ただ、交通誘導とかだとヘルメットを被るので、名前が書いてあるじゃないですか。
――ヘルメットに「安田」って。
安田　だからめんどくさいのよ。で、「プロレスラーの安田さんですか？」って聞かれたら「違います」って言って、「プロレスをやっていた安田さんですか？」って聞かれたら「はい、そうです」って（笑）。

「引っ越しのときに貸したお金がまだ返ってきていないので、今日徴収しようかなと思ってるんですけど（笑）」（AYAMI）

――正確に聞かないとダメなんですね（笑）。かつては「借金王」なんて呼ばれたりもしましたけど、いまはどうなんですか？
安田　そう言われてますけどね、そんな俺に貸しつける人なんていませんから（笑）。
――貸してくれる人がいないから借金はないと（笑）。
安田　まあ、いちおうありますけどね。
――まだあるんですね。だけどコロナで世の中がずっと大変な中、安田さんはわりと安定した生活を送られている感じですか？
安田　いや、やっぱりコロナ当初は現場が飛んで、みんな仕事がなかったよね。最近はそんなことないですけど、でも警備員もちょっと辞めようかと思ってて。

——えっ、楽な仕事だと思っているのに？

安田　やっぱり、しょせんみなさんは「警備員ぐらい」にしか思っていないんで。たまにさ、警備員って仕事を下に見て態度の悪いヤツがいるんだよね。だから腹の中では「おまえ、コノヤロー！　俺を誰だと思ってるんだ！」と思いながら「こっちです～！」とかやって（笑）。

——意外とストレスもあると。

安田　そういうストレスぐらいですけどね（笑）。

——ＡＹＡＭＩさん、おじいちゃんとしての安田さんはどんな感じですか？

AYAMI　もう、孫に凄い甘々のおじいちゃんですね（笑）。いつもウチに遊びに来ると、子どもたちをコンビニとかに連れて行ってなんでもほしいものを買ってくれるから、「今日はじいじと会うよ」って言ったら、次男なんかは「えっ、じいじ来るの？　じゃあ、なんか買ってもらおー」って、何かを買ってくれる人みたいに思っていて（笑）。

——ちょっとしたタニマチというか（笑）。

安田　こんくらいでいいんなら俺もタニマチになれると（笑）。警備の制服を着て立ってるおかげでそのぐらいはね。だけど毎日がタダ働きみたいな感じでね。日払いでくれるもんだからすぐに全部使っちゃうんですよ（笑）。

AYAMI　そうなんですよ（笑）。

安田　いまは携帯電話でなんか投票できるものがあってさ……。

——競馬ですか？

安田　いやいや、俺はいま競艇ばっかりですよ。警備員をやってからは全部そっちですよ。

——警備と競艇って何か因果関係があるんですか？

安田　いや、馬より当たりやすいからってだけ。だって6艇しかないんだから（笑）。でも途中でやめられなくて朝から晩までやると結局は負けてるよね。

——たぶん負けないと終われないんでしょうね。

安田　そういうことです！　じゃなかったら、ずば抜けて勝つかのどっちかなので。でも、そんなことはまずありえないんで。1日に12場くらいやってるんで、それでいつも反省して「もうやめなきゃ」って思いながらもやめる気は毛頭ないんですよ！　ガハハハハ！

——ガハハハハ！

安田　たまに「ちょっとここはしのがないと」と思って1週間くらいはやめますけどね（笑）。

——安田さんはいまひとり暮らしですか？

安田　はい、そうです。

——生活費に手をつけちゃったみたいなことっていまだにあるんですか？

安田　まさにこないだ引っ越そうと思ってたのに手をつけちゃって、いま娘にカネを借りてますよ（笑）。

AYAMI　そうなんです。それがまだ返ってきていないので、今日ちょっとでも徴収しようかなと思ってるんですけど（笑）。

——家の引っ越し代を借りたんですか？

安田　アパートの敷金礼金ですよ。解体屋さんに行ったときに社員寮みたいなところに入ったら、あとからソリの合わないヤツが入ってきてそれが嫌で嫌で。それでようやく部屋を探してお金は用意していたのに使っちゃってヤバいなと。7万くらい足りなかったので、いま借り中です（笑）。

AYAMI　早く返してもらわないと（笑）。

安田　おかげで今年の1月に引っ越せたんですよ。家賃は安いですけどね。

——おいくらですか？

安田　4万円くらいですよ。でも風呂もありますよ？　なんか最寄りって駅からえらい遠いんで。「歩いて12分」って謳われてたけど、たぶん20分くらいかかるな。でも、いま働いている現場に10分で行けるんでそこを選んだんですよ。

「ギャンブル依存症は覚醒剤とかと一緒なんじゃないですか。薬はやったことが……ないけど」（安田）

——プロレスファンって、定期的に安田さんの近況が気になるんですよね。

AYAMI　生存確認みたいな（笑）。

安田　生存はしてま〜す（笑）。

AYAMI　でも世間の方たちがイメージしているお父さんと、私から見たお父さんっていうのはちょっと違うんですよね。意外と真面目な性格というか。ねっ？

安田　はいっ！　俺が博打をやめたらこんなにいい人はいないっていうくらい！　ガハハハハ！

AYAMI　でも本当にそうかもしれないですね。——とにかく博打が過剰にまずいわけですね（笑）。

安田　非常に悪い（笑）。やめればいいっていうのは自分でもわかるんですよ。しかし、やめたらいままでの負けを認めなきゃいけないじゃないですか？　それがネックでやめられない。

——ネック（笑）。

安田　だって「やっていればそのうち……」っていう可能性は無きにしもあらずですからね。

——やっぱり大相撲を経験して来られたから、勝ち越して終わりたいんでしょうね（笑）。

安田　そういうことです！（笑）。基本はお相撲さんなんでね、負けを認めたくないんですよ。

――ＡＹＡＭＩさんから見て、博打以外で安田さんの短所ってあるんですか？

安田　ないだろ？　自分で言うのもなんだけど。

ＡＹＡＭＩ　ないかもしれないですね。でもあえて言うとしたら、けっこうがんばっちゃうところっていうか。いい人だから、人の期待に応えようと無理しすぎちゃうんですよね。それで相手が自分が思っているような評価をしてくれたらべつにいいんですけど、そうならなかったときに「俺はこんなにやってやったのに、なんで認めてくれないんだ！」っていうところが出てきちゃうというか、一気に「もうやりたくない！　俺は知らない！」みたいになるんですよね。極端だなっていうのは見ていて思いますね。

安田　単純なんですよ（笑）。

ＡＹＡＭＩ　サービス精神が旺盛なんですよね。そういうところはいいんだか悪いんだかって思いながら見ていますね。

安田　まあでも、よっぽどのことがなければ、そんなふうになることもそこまでないですからね。そこに博打が絡むとそっちが優先になるんで、どうしても熱くなってね。

――ボクは博打をいっさいやらないんですけど……。

安田　えっ、うらやましい！

――アハハハハ！　やっぱり中毒性っていうのは相当なものなんですか？

安田　だからギャンブル依存症とかいるわけじゃないですか。俺もカウンセリングに一度通わされたけど、カウンセリングって結局はアルコール依存症とかと一緒で、考え方としては「とにかく今日1日はやめましょう」と。それで次の日になったら「また今日1日我慢できればいい」みたいな感じで気楽にしてくれりゃ、だいたいみんなできるんですよ。だけど、ずっとやめていたものがちょっとでもやってしまったらもう無理ですね。

――そこで、またちょっとでもやってしまうから依存症なんでしょうね。

安田　だから、そのへんは覚醒剤とかと一緒なんじゃないですか。薬はやったことが……ないけど。

――なんですか、いまの溜めは（笑）。

安田　いやいや、ないから。噂で聞けばみんなそうじゃないですか。でもカウンセリングみたいなのを受けてやめたっていう人もいますから、そこは意志の強さでしょう。私は優柔不断なんで（笑）。

――ＡＹＡＭＩさんは幼稚園くらいまでしか安田さんと一緒に生活していなかったんですよね？

ＡＹＡＭＩ　そうですね。小学校からは別々に住んでました。

「いつか迎えに行く」って言ってて結局は迎えに来ず、それでウチの母親が「お疲れさまでした」と（笑）。でも、やさしいはやさしいんだよね？

安田　やさしいでしょ、基本は（笑）。

——離婚されたのは安田さんがおいくつのときですか？

安田　35くらいかな？

AYAMI　私が中学1年のときで。

——じゃあ、離婚はしないで別居していた期間が長かったたってことですか？

AYAMI　そうなんです。長いですよ、本当に。

——どうして、すぐ離婚とはならなかったんですか？

安田　「また一緒に住むから」って言ってて（笑）。

AYAMI　住む住む詐欺をずっとしてたので（笑）。「プロレスに移るので、そのまま道場に住み込みで働いて熱心にやるから。迎えに行くから、ちょっとの間だけ実家に行っててくれ」っていうふうに言われてて。

「お父さんのことが凄く嫌いだし、それこそそのままいなくなってほしいってずっと思っていたのに……」（AYAMI）

——あっ、そういうことだったんですね。

安田　迎えには行かなかったんですけどね（笑）。それで、そういうことをくり返してたらいつの間にか裁判所に呼ばれて。「別れて」って言うんで「はい、どうぞ」って。

——「はい、どうぞ」？

安田　まあ、これはこの雑誌だけにしか言わないけど、この人のお母さんが「慰謝料で500万ほしい」って言うから俺は新日本から借りたんですよ。だけどそれ、博打で全部負けちゃって……（笑）。

——ウソでしょー!?（笑）。

AYAMI　だからお母さんもいまでこそ言わないですけど、昔は「全然、何ももらってないからね」って言ってましたね。そのあと、私の学費だけはお父さんに渡すと来ないからっていうので直接いただいてて。

——えっ、直接っていうのは新日本から？

AYAMI　そうだと思います。「そういうふうにしてもらうようにしたから」って聞きましたね。

——そうだったんだ。じゃあ、最後の離れ際はよろしくないですね。

AYAMI　よろしくないですね。

安田　奥さんとはね。

——お母さんはいまお元気にされていらっしゃるんですか？新しい生活をされていたりとか。

ＡＹＡＭＩ　そうですね。元気です。楽しく暮らしています。

――よかった。じゃあ、みんな幸せじゃないですか。

安田　おかげさまでね。

――なんか自分の手柄みたいに言いますね（笑）。

安田　いいじゃん、結果的にみんなが幸せになったんだから（笑）。

――ギャンブル絡みのゴシップはけっこうありますけど、安田さんって女性の影がないですよね。

安田　女の人は二の次、三の次のオマケなんで（笑）。そういうことを言うと失礼かもしれないけど、若いときは違いますよ？　もう30過ぎたくらいからはそうですね。

――30過ぎって男盛りじゃないですか。

安田　いや、俺らが22～23のとき、いまから35年前くらいに銀座のクラブに行っててさ、店の若いコに「はい、付き人の方」とかって言われたらカチンと来るでしょ。まあ千代の富士さんがいて、いまの八角理事長は保志（当時）っていう名前で有名だったからどこに行ってもわかるけど、俺なんか名前がないんだから。でも「はい、付き人の方」って上から目線で言われた瞬間に蹴っ飛ばしてやろうかってね（笑）。

――でも、その後は相撲もプロレスも人気商売ですから、おモテにはなったんじゃないですか？

安田　モテないです、モテないです。持てたのは荷物だけだよね。こっちが興味を示さないからじゃないですか？　女の人に合わそうと思わないんで。それとプロレスに入った頃にはもう結婚していたし、博打で迷惑をかけてるのに女まで入っちゃうと「呑む、打つ、買う」になるんで。

――そこの計算は働くわけですね。

安田　何かひとつくらいはやめておこうと思って（笑）。

――ストイックですね（笑）。

安田　そういうふうに決めると意外とそうなんですよ。それがあったから女性関係は本当にない……はずです。

――ないはず？（笑）。

安田　そりゃ、たまにはねえ（笑）。

――まあ、たまには（笑）。あと、通称「エア焼肉事件」（※自宅で練炭を使って自殺を図ったとされるが、本人曰く「エア焼肉を楽しんでいた」）が起きたとき、ＡＹＡＭＩさんは「もっとお父さんを大事にしなきゃ」と思ったとか。

ＡＹＡＭＩ　「大事にしなきゃ」とはあまり思わなかったんですけど（笑）。なんだろ、お父さんのことが凄く嫌いだし、それこそそのままいなくなってほしいってずっと思っていたのに、やっぱりいざそれが現実になると嫌だなって思う自分がいることに気づいたと言いますか。

――そう思わせてしまうっていうのも、ちょっとズルいですよね。

AYAMI　ホントですよね。

安田　ズルいですかあ？（笑）。

「電話代から家賃まで全部会社の経理から払ってくれてた。あの頃はまだ新日本もファミリー的でしたよ」（安田）

――だって安田さん、これは思い出したくもないことかもしれないですけど、二子玉川の高島屋から飛び降りようとしたこともあったたって。

安田　あー、何回かありましたね。

――何回も。ボクはあのへんに行くたびにそのことを思い出しちゃうんですよ。「こんな高いところから……」って。

安田　まあ、降りられなきゃどんなに高くたって一緒ですよ（笑）。だいたい降りられる人は少ないんですけどね。

AYAMI　こんなに大きい人が上から落ちてきたら迷惑ですよね。

安田　でも落ちてしまってからのことはそのときは考えてないでしょ。ガハハハハ！

――でもお元気そうですよね。ご病気されたりとかはなかったんですか？

安田　懐だけが病んでますね。

――慢性的に（笑）。

安田　慢性的な病です（笑）。

――振り返ってみて、これまでの人生でいちばんのピンチはなんでした？

安田　すべて。

――すべて（笑）。

安田　いや、振り返らないもん。振り返ると後悔しかないから。まあでも、人間が経験しなきゃいけないことは人並みにやらせていただいたので、そういうのを思い出すと「ああ、そんなときもあったな」って。当時の写真もないんですよ。

AYAMI　ウチにたくさんあるよ。お相撲さんのときの写真もあるから持っていけばいいじゃん。ウチにあってもしょうがないし（笑）。

安田　いや、ウチにあってもしょうがないから置いておいて（笑）。でもホント、過去を振り返ってもしょうがないし、人間は死んだら終わりですから。葬式やったりとかさ、そんな死んだ人間をあれしてもしょうがないじゃん。どうもこの業界は死んだ人間ですぐに商売するでしょ？　俺はあれが嫌でね。なんとか追悼試合とか「おまえら、ふざけんなよ」って思うから。

AYAMI　さっきは「お父さんが家族を捨てた」みたいな感じの言い方をしましたけど、母が再婚したことを知ったと

HOLY
SHIT
TOKYO 2020

きは凄いショックを受けていたっていうのをあとから聞いたんですよ。

安田　そのときだけですよ。で、俺は養育費を止めたの。

――えっ、養育費を止めたって、それって逆ギレじゃないですか。

安田　それである人から「子どもであることは一生変わらないんだから」ってちょっと説教されて。でも「払ってくださ い」って言われても給料から天引きされてるんだから俺もわかんないよね（笑）。俺は新日本のときは全部そうですから。電話代から家賃まで全部会社の経理から払ってくれるんですよ。それで残ったぶんが俺のところに給料として入ってくるだけなんで。

――新日本が安田さんのお金の管理をしてくれていたんですね。

AYAMI　それはいいね。やさしいね。

安田　「安田さんはダメだから」って。だから、もし誰かが「安田にカネを貸してるんで返してください」って言ってきたら、そこから返済してくれるんですよ。あの頃はまだ新日本もファミリー的でしたよ。坂口（征二）さんが社長でファミリー感覚がありました。坂口さんって「しょうがねえなあ、コイツは」みたいなところがあるじゃないですか。俺の性格も知ってるから、会社に「そうしてやれ」って言ってくれて。

――融通を利かせてくれたと。

安田　それで、その頃なんかはコイツと会っても、まずはメシとかよりも洋服を買わされるんですから（笑）。

AYAMI　それはしょうがないよね。

安田　それでも会ってくれるだけいいやと思って。あの大晦日のときだって、最初はＴＢＳの人に「行かない」って言ってたんですよ。

――ＡＹＡＭＩさんは「ＫｉｎｋｉＫｉｄｓのドーム公演に行くから、さいたまスーパーアリーナには行かない」って言ってたんですよね（笑）。

AYAMI　それ恥ずかしい、もう（笑）。

安田　そうしたらＴＢＳが無理くりＫｉｎｋｉＫｉｄｓの違う日のチケットをコイツに持ってきたもんだから、「じゃあ、行く」って。だから「おまえ、大晦日のチケットはどうしたの？」って聞いたら「誰かに売った」って言ってたんだよな？

AYAMI　ホントにやだー、もう（笑）。中学生のときの話ですから。

――いまだに続いている大晦日の格闘技で、２００１年の安田忠夫vsジェロム・レ・バンナ戦のギロチンチョークと試合後の肩車というのは本当に名シーンですからね。

安田　ですかね。

──あの日、AYAMIさんが会場に来てくれてよかったですよ（笑）。

安田　俺自身はほとんど憶えてないんですけどね。でも試合のあと、石井館長が俺にずっと怒ってるって聞いてたからさ。「あんなにあげたのに、なんでまだカネがないって言ってるの！」って。「いやいや、あなたが猪木事務所に払ったお金の10分の1も私はもらってませんよ」と言いたいよ（笑）。

──たしか表向きは「安田に7000万くらいあげないとな」って猪木さんが言ってましたよね。

安田　俺はそれを話半分で聞いていて、「どうせ猪木さんのことだからそんなにくれないだろ。半分くらいだろ」と思ってたら、なんと2割（笑）。

──ということは1400万？　それでもいまだと破格の金額ですけど、当時は格闘技もバブってましたからね。

安田　あの当時の永田裕志は格闘技に出たとき、全部引いて1000万だもん。俺の場合はそこに税金とかが入ってきて、その前に海外に練習に行ってるからホテル代からコーチ料から何から何まで引いたら残らないよ（笑）。だから永田くんのほうが多かったでしょ。そういうので先にカネを使っちゃってるから、リングに上がらないといけないんだよ。「人生、崖っぷち」って言うけど本当にうしろがないからね。

「格闘技をやってるときの俺に対するあの空気っていうのは、表には出ることがないレスラーの嫉妬ですよ」（安田）

──火事場のクソ力ですね。

安田　よく言われたのは「バンナに負けると思った」って。「いやいや、俺の中では勝負だからフィフティ・フィフティでしょ」って言っても誰も信じてくれなかったんですよ。「あんなのとよくやるね」って言われても、俺、バンナを知らないんだもん（笑）。

──バンナのことを知らなかった（笑）。

安田　「だけどK－1の選手でしょ」って言ったら、猪木さんが「うん」って言うから「わかりました－」って。そういうところは意外と単純なんですよ（笑）。

──勝負度胸があるというか。

安田　最初、PRIDEで佐竹（雅昭）とやったけど、佐竹のことは日本人だから知ってるわけじゃないですか。それで試合のビデオを観ると、アイツのいいところしか出てこないんですよ。

──ああ、ダイジェストで。

安田　そんなの観たら、こっちは悪いイメージしか浮かばないから、「もういらない！」って言って（笑）。

――もう観ないと（笑）。

安田　ただ、「身長と体重だけはお願い！」って。

――身長と体重だけは教えてくれと。凄い！　天才！（笑）。

安田　でも、いま思えばありえないですよね。バンナだって10日前に急に決まったんですよ。そっからバタバターってやって。

――そういえば中邑真輔選手も新日本に入ってからすぐに格闘技戦に駆り出されたじゃないですか。あの頃、やっぱり先輩レスラーたちから「なんでアイツだけ目立って、練習も特別扱いで、試合にも出ないんだ？」って冷たい目で見られていたと。それで気持ちも落ちていたときに安田さんが「試合前なんだから中邑にホテルを取ってやれ」って新日本に掛け合ってくれたと中邑さんが言ってましたよ。

安田　いや、それは普通に言っただけだよ。俺のときだってそれは感じてたからね。PRIDEで佐竹とやるとき、プロレスで給料をもらってるのにその年はプロレスを10試合くらいしかしてないんだもん。

――「巡業を休んで何やってんだ？」ってことですよね。

安田　っていう感覚の人が多いんで。それで「試合もしないで給料をもらいやがって」っていうのを感じるわけよ。みんな格闘技は拒否だから。拒否っていうか怖いわけ。中にはやさしい目で見てくれる人もいたよ。だけど遠目で見られてたのはそういう感じだよね。だから中邑も同じだよ。居場所がなさそうに道場にいたから「おまえ、こんなところで何してんの？　ここにいないでホテルに泊まれよ」って。あの空気っていうのは表には出ることがない嫉妬ですよ。レスラーやってなきゃわからない嫉妬。

――素人考えだと、代表して出て行く選手を応援するのが普通だと思うんですけどね。

安田　俺も思ったもん。バンナに勝って正月の東京ドームに挨拶に行ったとき、喜んでくれてる人が半分、「おまえ、新日じゃねえだろ」っていうのが半分ですから。だって猪木軍として出てるけど、俺は新日本から給料をもらってるんだもん。新日本としては、俺が新日本代表として出たわけじゃないからっていう。俺は逆に永田くんみたいに新日本代表として出たかったよね。

――新日本を背負いたかったと。

安田　うん。まあ、それは勝ったから言えるんであって、そりゃ勝つ前には今後のことも考えて「猪木軍でお願いします！」って言うけどさ。それだったら、その後はヒールで食っていけるなって思っちゃうからさ（笑）。だから俺が総合をやるきっかけは、マイク・タイソンの耳噛みなの。

――ホリフィールド戦。

安田　藤田（和之）くんから「もし負けそうだなと思ったと

き、意識があるなら乳首を噛んでいけばいいじゃん」って言われて。

――乳首噛み！（笑）。

安田 「それやればプロレスに戻ってきてもいけますよ」って言われた瞬間、「うん、そうだね！」って（笑）。だからまわりに恵まれてますよね。そう言ってもらったら気が楽じゃないですか。

――そうですね。噛みつき魔として活躍したかもですね（笑）。いままでの人生はすべて最悪だったとおっしゃいましたけど、逆にいちばんよかったことはなんですか？

安田 まあ、人並みに幸せな家庭を作った時期もあれば、相撲で関取にもなれたし。それでいいんじゃない？

――大相撲で小結まで行ったっていうのは、本当にひと握りの人しか到達できないところですもんね。

安田 いや、それはなんとも思わないですよ。同じ部屋に千代の富士関とか凄い人ばっかりいたから。そういうのが植えつけられてるから三役に上がったからって偉いっていうのがなくて。みなさんが思ってるよりも相撲の世界は三役に上がったら偉いんじゃなくて、幕内は十把一絡げですから。霧島も言ってましたけど、大関にならないと違う世界は見れませんよって。

――ＡＹＡＭＩさんはウソじゃなくて本当にいま幸せでいらっしゃいますよね？

ＡＹＡＭＩ と〜っても幸せですよ（笑）。

安田 めちゃくちゃ幸せでしょう！

――なによりです。プロレスファンは胸をなでおろしますよ（笑）。

ＡＹＡＭＩ みなさんにはご心配をおかけしました。私たちはみんな幸せに暮らしています（笑）。

安田 よかった、よかった！（笑）。

安田忠夫（やすだ・ただお）
1963年10月9日生まれ、東京都大田区出身。元プロレスラー。
中学卒業後に大相撲・九重部屋に入門。1979年3月場所初土俵。1984年3月場所以降、孝乃富士（たかのふじ）と名乗り、1990年7月場所に小結に昇進。1992年5月場所を最後に28歳で力士を廃業。1993年6月、新日本プロレスに入門。1994年2月24日、日本武道館での馳浩戦でプロレスデビュー。恵まれた体格を持ちながら中堅レスラーとしての日々が長く続き、私生活でもギャンブル好きで借金苦に陥っていたこともあり、家族とも離縁。2001年に総合格闘技デビュー。同年3月25日の『PRIDE.13』で佐竹雅昭から判定勝ち。そして12月31日の『INOKI BOM-BA-YE 2001』ではジェロム・レ・バンナから大金星を挙げる。2002年2月にはIWGPヘビー級王座も獲得したが2005年1月18日に新日本を解雇された。その後はさまざまな団体で試合をしていたが、2011年2月4日、安田忠夫引退記念興行『日本とプロレスにおさらばします。』にて現役を引退した。

AYAMI（あやみ）
1987年3月31日生まれ、東京都墨田区出身。元モデル、レースクイーン、タレント。
安田忠夫の愛娘で、2001年12月31日の『INOKI BOM-BA-YE 2001』で安田がジェロム・レ・バンナに勝利したあと、リング上で肩車されたことからクローズアップされる。その後、芸能界で活動をするが、2014年1月31日、結婚に伴い芸能界を引退。現在は主婦として、そして4人の子を持つ母親として幸せな家庭を築いている。

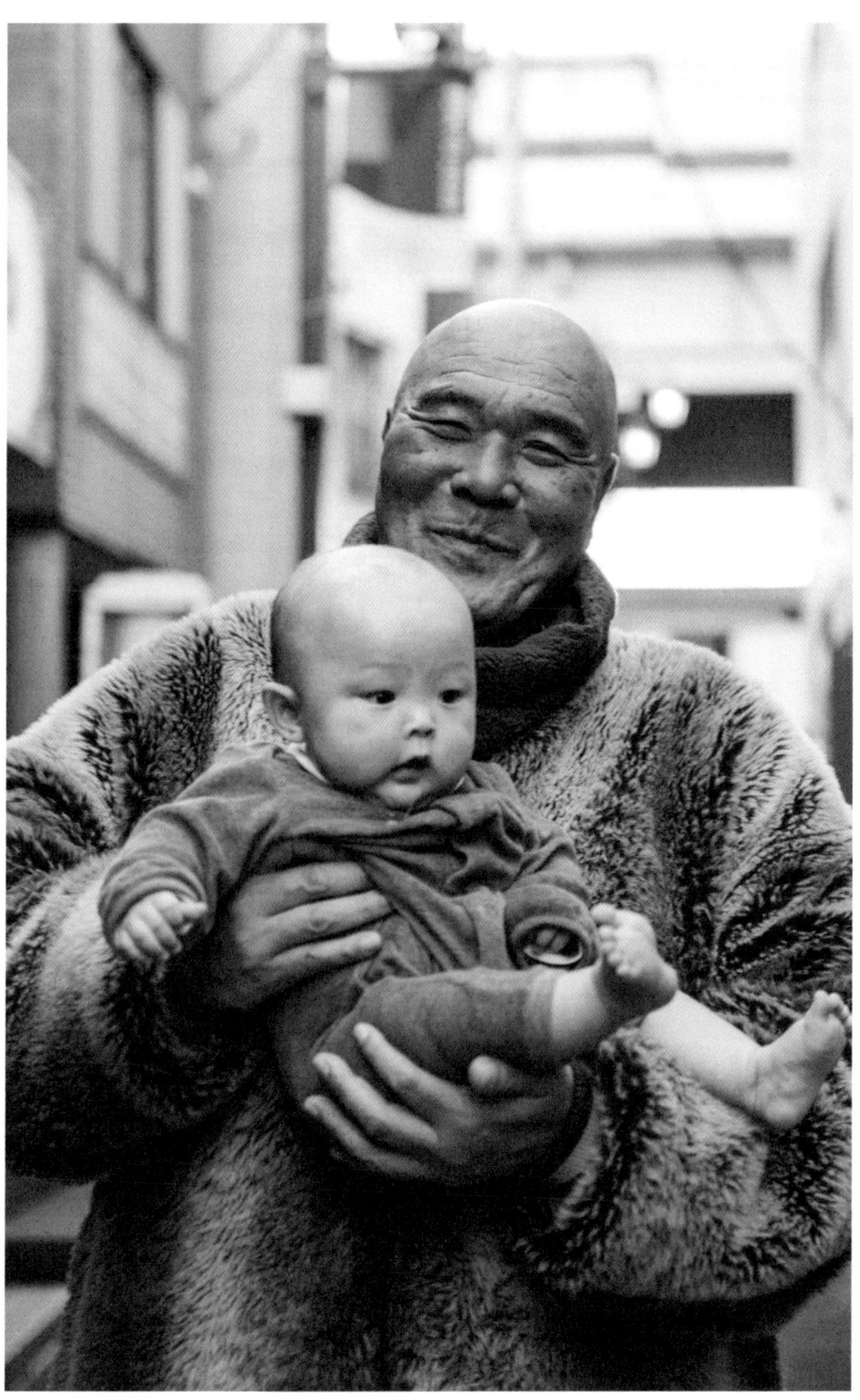

[NXT UK]

里村明衣子

「きっとビル・ロビンソン先生が
私をイギリスに連れて来てくれた。
10代のときからイギリスに行くのが夢で、
この歳になってそれが叶い、
またイチから夢を追えるっていうのは
本当に導かれたんだと思います。
いまもイギリスの選手の
レスリング技術は凄く高いですよ」

壮大な大河ドラマ！
キャッチの伝統的技術をいまイギリスに持ち帰る!!

KAMINOGE THE SNAKE PIT

収録日：2021年2月13日　写真：　聞き手：堀江ガンツ

MacBook Air

「イギリスの人口は日本の半分なのに感染者数は日本の20倍。でもチャンスだなと思って」

――里村さん、NXT UK本格参戦おめでとうございます！

里村　ありがとうございます。

――さっそくですけど、今回はリモートでのインタビュー、よろしくお願いします。

里村　はい。よろしくお願いします。

――日本時間1月29日に配信されたNXT UKで里村さんの参戦が電撃発表されて、2月12日にはデビュー戦も配信されましたけど。まずは今回、NXT UK本格参戦が決まった経緯を教えていただけますか？

里村　イギリスには昨年11月にも一度行ってるんですけど、そのちょっと前だから10月くらいにまずオファーをいただいたんですね。

――それは「NXT UKに参戦してくれ」っていうお話だったんですか？

里村　そうです。

――里村さんは2年前の2019年にもWWEの『メイ・ヤング・クラシック』に出場していますけど、そのときにも「ゆくゆくはまた出場してほしい」みたいな話はあったんですか？

里村　あのときは「コーチとして来てほしい」っていうお話があって。ただ、私は日本で現役を続けているので、そういう事情を話したら臨時コーチとしてアメリカに行くことになったんですけど、イギリスは今回が初めてでしたね。

――「選手兼コーチとしてNXT UK参戦」という報道もありましたけど、そういったオファーで？

里村　11月に1カ月間ロンドンに行ってたんですけど、そのときからコーチはしてました。

――あっ、コーチとしてはすでに11月から始まってたんですね。

里村　そうなんですよ。試合に出ることも前提にあったんですけど、コーチが先でしたね。

――では選手としてだけでなく、コーチとしても評価されていたわけですね。

里村　ちょうどイギリスに女子選手を教えるコーチがいなかったみたいなんですよ。それで私も3年前からイギリスのいろんな団体に上がらせてもらって、そこでも教えたりしていたので。そういったことがおそらく評価につながって、ちょうどコーチを探していたときに私に当たったんだと思います。

――里村さんはここ数年、イギリスでも凄く活躍されていますしね。

里村　ここ3年くらいの実績でいえば、私は日本以上にヨーロッパで積んできたので。最初、2018年にファイトクラブ・プロっていうところに出て、あとはプロレスリングEVE、プログレスと上がって。

——各団体でチャンピオンになっているんですよね。

里村　最初のファイトクラブ・プロでは、いまNXTにいるピート・ダンっていう（男子）選手とのシングルマッチをいきなりビッグマッチで組まれたんですよ。当時ピート・ダンはNXT UKのチャンピオンで、私はその1週間前にたまたまファイトクラブ・プロの男子を含めたチャンピオンになっていたんです。それでロンドンで行われたファイトクラブ・プロの10周年記念のビッグマッチで、いきなりピート・ダンとのシングルマッチが組まれたんですよ。

——イギリスの頂上対決を行ったわけですね、しかも男子選手と（笑）。

里村　そのときはまだピート・ダンもアメリカに行ってなくて、イギリスでスター街道まっしぐらというときだったんですね。そのときの試合をWWEの選手や上の人が観ていて評価してもらったみたいで。それがそもそも『メイ・ヤング・クラシック』に呼んでいただいたきっかけだったんです。

——すべては3年前のロンドンの試合から始まっていたわけですね。

里村　そうなんですよ。そこで評価をいただいて積み重ねてきたものが、今回大きなチャンスになったんです。

——『メイ・ヤング・クラシック』参戦のときも最初から大物扱いでしたけど、今回、NXT UK参戦が発表されたときもトリプルHやショーン・マイケルズという超大物が直々にツイッターで「凄い選手がくるぞ！」というような投稿がされるVIP待遇でしたもんね。

里村　あれは自分自身もまったく知らなくて、まさかツイートしていただけるとは思ってなかったのでびっくりしました。また、それによって想像以上に今回のニュースが広がったので、さらに気が引き締まる思いです。

——里村さん自身も「NXT UKを変えるために来た」というコメントを残していましたけど、しっかりと重責を担っての参戦なわけですね。

里村　そうですね。ただ、新型コロナウイルスのパンデミック真っ只中でのオファーだったので、やはり心配でもあったんですよ。イギリスの人口は日本の半分なのに、感染者数は日本の20倍ですからね。その中でイギリスに来るっていうのは、自分自身「大丈夫かな？」と思っていたんですけど、それこそがチャンスだなとも思って。

「ロンドンのパフォーマンスセンターもかなり立派ですよ。アメリカと同じくらいの規模です」

——10年前、3・11の東日本大震災のあとに仙女（センダイ・ガールズ・プロレスリング）の社長になったように。大変なときだからこそ一歩踏み出すという。

里村　ロンドンへは昨年11月1日に出発予定だったんですけど、その前夜にイギリスで緊急事態宣言が発令されたんですよ。

――また、凄いタイミングですね（笑）。

里村　出発前夜、羽田空港のホテルに泊まってたんですけど、夜中の4時くらいにイギリスの友達から「緊急事態宣言が出るみたいです」っていうＬＩＮＥが来て。それでテレビをつけたら出発の6時間前に緊急事態宣言が出て、「5日後にはロックダウンします」ということを言ってたんです。

――果たして入国できるのかっていう状況で。

里村　「これ、飛行機が飛ばなかったらどうしよう……」と思って凄く不安だったんですけど、飛行機だけは飛んで。それでいざロンドンに行ってみたら、レストランやバーはいっさいやってなくて、お店もほとんど閉まっていて、開いてるのはスーパーマーケットと薬局ぐらい。美容院とか銀行もやってないので「イギリスの人ってどうやって生活をしてるんだろう？」と思って。

――ボクも里村さんがロンドンにいるって知って、「どうやって生活してるんだろう？」と思いましたよ。

里村　会社で必要なこと以外の外出はいっさい禁止だったので、ほとんどホテルの部屋に閉じこもっていましたね。

――食事はルームサービスですか？

里村　ウーバーイーツが多かったですね。試合前はよく頼んでました。

――ロックダウン中も練習はできるんですか？

里村　練習はしてました。

――練習で集まることは可能なんですか？

里村　いや、時間ごとに練習できる人数が限られてるんですよ。だからそれぞれ別の時間に振り分けて。また、練習中もかならずマスクは着用して、リングの中にもふたり以上は入っちゃいけなかったので凄く大変でしたよ。ソーシャルディスタンスを保ちながら練習しないといけないので。

――プロレスは肌が触れ合うコンタクトスポーツだから、ソーシャルディスタンスを保つのはそもそも難しいですもんね（笑）。

里村　そこらへんの決まりは凄く厳しかったです。あと、ホテルにドクターが常駐していたので、週に2回ＰＣＲ検査をしていました。

――さすがＷＷＥですね。練習するのにもコロナ用のドクターが常駐しているという。

里村　メディカルチェックもかならず毎朝していましたし。健康チェックの紙を毎日書いて提出して、パフォーマンスセンターに入る前にかならず検温して、それから入るという感じでした。

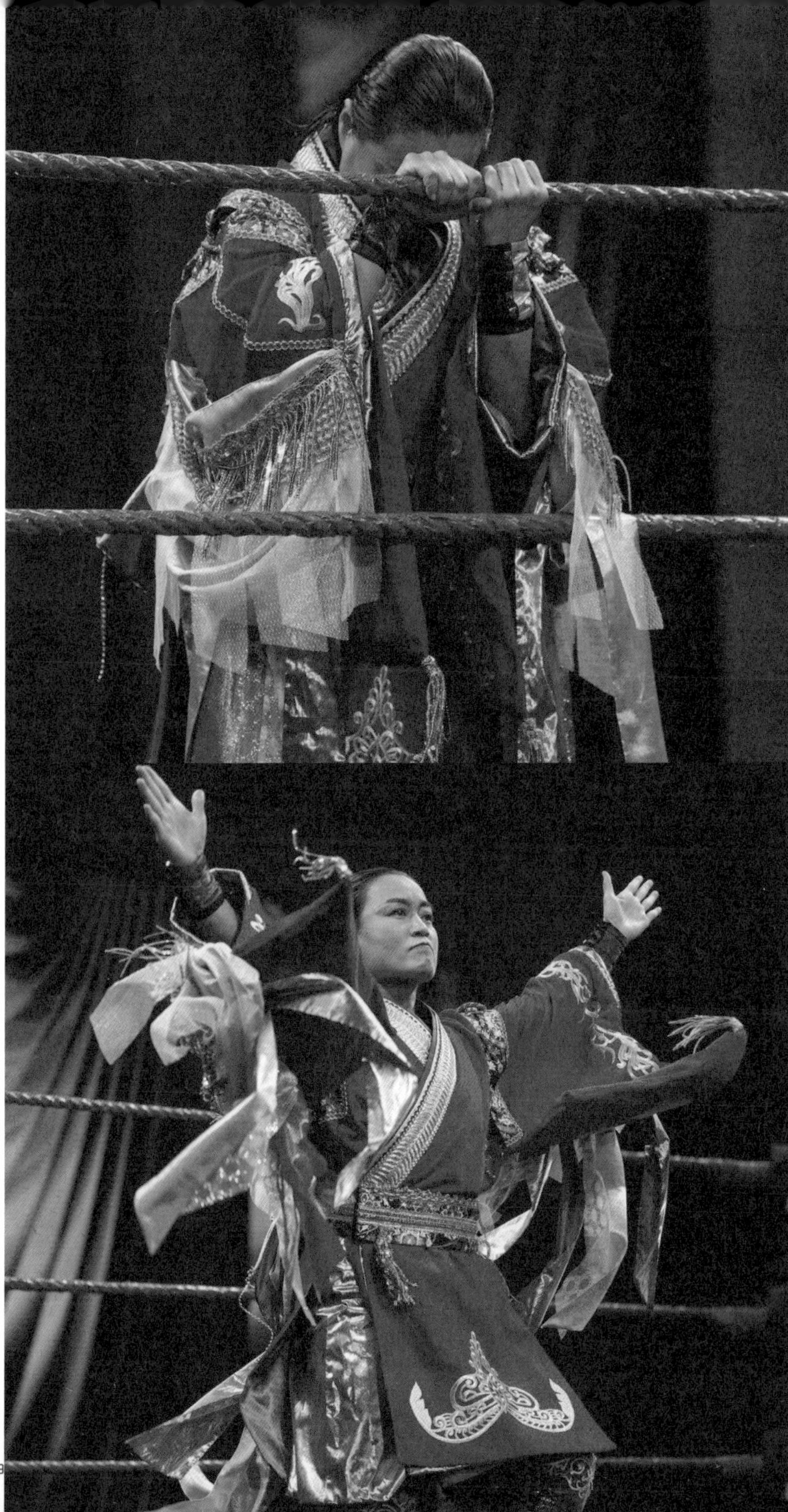

——WWEのパフォーマンスセンターというと、フロリダにあるのが有名ですけど、2019年にロンドンにもできたんですよね。

里村　ロンドンのパフォーマンスセンターもかなり立派ですよ。もうアメリカのパフォーマンスセンターと同じくらいですね。

——へえー！

里村　凄い立派です。

——その施設にはどういったものがあるんですか？

里村　リングが何個か置いてあって、ウェイト器具があるトレーニングスペースも凄く広くて。あとはメディカルチェックをする部屋とミーティングルームとか、ほぼアメリカと同じくらいの施設ですね。

——肉体的なトレーニング以外に座学もあるんですか？

里村　もちろんあります。

——そのへんもアメリカと一緒なんですね。

里村　ほぼほぼ一緒です。

——では、本国アメリカと同じくらい、ヨーロッパでの選手育成に力を入れてるんですね。

里村　そうですね。去年までアメリカでコーチをやっていたジョニー・モスという元選手がいるんですけど、いま彼がイギリスのコーチなんですよ。そのジョニー・モスのコーチ業の素晴らしさが凄く勉強になりますね。やっぱりWWEはコーチ業もちゃんとしたひとつの職業としてやっているので、教え方がプロフェッショナルそのものですし、みんながジョニー・モスを尊敬しているので。

——里村さん自身も勉強になるようなコーチングなんですね。

里村　凄く勉強になります。日本だったら私は何役もやっているんですね。

——選手兼、代表取締役社長ですもんね。

里村　だから選手もやって、自分の練習もやりながら、空き時間にはいろんなところに仕事の電話をしたり、他団体の選手にオファーしたりとか雑務がいっぱいあって。合同練習中に私が教える時間があるんですけど、教えながらもその雑務のことで頭がいっぱいで、教えるどころじゃなかったりすることもあったんです。

「イギリスではジョニー・セイントさんやビル・ロビンソンさんがやられていたキャッチの伝統を大事にしている」

——ひとり何役もやって、それが同時進行だからなかなか教えることに集中するのが難しかったと。

里村　それがイギリスに来て、コーチと試合というふたつのことに絞ったとき、「コーチ業をあやふやにしちゃいけないんだな」ということを強く感じました。日本だとまだコーチとしての立場があやふやな部分があるんですよ。先輩が空き時間に後輩に教えるみたいな。それはウチだけじゃなく各団体がそうで。このへんは日本でも変えていかなきゃいけないところだと思います。

——たしかにほかのプロスポーツであれば、コーチという職業が確立されているのが当たり前ですもんね。プロレスの場合、昔から「教わるものじゃない」みたいに言われてきましたけど、ＷＷＥはしっかりとコーチ制が確立されているわけですね。

里村　アメリカに行って初めて臨時コーチをやったとき、凄く感銘を受けたんですよ。ロビー・ブルックサイドさんやウィリアム・リーガルさんといったかつての名選手が若い選手に対して細かい部分までしっかりと教えていて。やはりプロレスの場合、やってきた選手でしか教えられない部分があるので、かつて活躍した選手で教えることにも長けた人がコーチになるというのは凄くいいことだなと思いました。

——フロリダのパフォーマンスセンターには、才能がある若い選手が世界中から集まっていますけど、ＵＫもイギリス人だけじゃないんですよね？

里村　ヨーロッパ全体から集まってますね。ドイツ、アイルランド、スペイン、フランス、あとはスコットランドからも来てるので。

——全ヨーロッパみたいな感じになっているわけですね。イギリスマットといえば「かつては凄く栄えていたけれど、衰退してしまった」と20年ぐらい前には言われてましたけど、ＷＷＥの力もあり、いままた盛り上がってきているんですね。

里村　私は２０１５年にイギリスで初めて試合をしたんですけど、そのときがちょうど「これから盛り上がる」っていうときだったんですよ。そして２０１７年に2年ぶりに来たときはいろんな団体がビッグマッチを打っていて、６０００人規模でやったりするようにまでなっていたんです。

——６０００人って、日本でも大きな団体じゃないと集められない数ですもんね。

里村　そうなんですよ。そのビッグマッチのメインイベントに私は抜擢されたんです。それこそ、その時期にピート・ダンや現在ＮＸＴ ＵＫのトップにいる選手たちが大スターになって人気を集めて、ヨーロッパ全体のプロレス熱を盛り上げていた感じだったんで。

——3~4年前から、ふたたび人気が出ていたんですね。

里村　「ブーム」と言ってもいい感じになってましたね。ただ、去年はコロナでまったく試合ができない状態になってしまったんですよ。日本は昨年5月に1度目の緊急事態宣言が明けたら、人数制限しながらお客さんを入れた興行を再開できましたけど、イギリスはいまだに無観客なので興行が打てない状態なんですね。無観客でイベントを続けているのはＷＷＥ

だけで、ほかの団体は活動ができなくてほとんどストップした状態ですね。

——やはり日本よりはるかに大変なんですね。でもハングリーないい選手もたくさんいるんじゃないですか？

里村　いい選手はいっぱいいます。

——今回の里村さんのNXT UKデビュー戦を観て、対戦相手のアイラ・ドーン選手もかなりできるなって思いました。

里村　そうでしたね。凄く力強い蹴りとか。

——NXT UKレベルの高さをあの1試合で感じましたよ。

里村　本当ですか。だから女子ももっと盛り上がるはずですね。あとアメリカと何が違うかって言ったら、40年以上前のジョニー・セイントさんやビル・ロビンソンさんがやられていた、昔のキャッチの伝統を大事にしているんですよね。

——その伝統が残っているのはうれしいですね。

里村　ヘリテージ・カップといって昔のラウンド制のルールがNXT UKにも残っていて、そういう試合をやってるんですよ。私は17歳くらいのとき、ビル・ロビンソンさんの試合やジョニー・セイントさんの試合のビデオを何度も観て、「いつかイギリスで学びたい」とずっと思いながら、なかなか叶えられなかったんですけど。あれから25年近く経って、こうして選手兼コーチとしてイギリスに来られることになって、いまの選手たちが昔ながらのレスリング技術を練習しているのが私には凄くうれしいわけですよ。「あっ、技術が残ってる！」と思って（笑）。そういった面でもイギリスの選手の技術は凄く高いですね。

——今回のNXT UK参戦には、そんな長いスパンの伏線もあったんですね。

里村　20年前に「イギリスに行きたい」って書いた日記もちゃんと残っていますよ。

——里村さんは若い頃、ビル・ロビンソンのコーチも直接受けたことがあるんですよね？

里村　はい。デビューして2～3年の頃、たまたまビル・ロビンソンさんとアントニオ猪木さんの試合ビデオをいただいて、テープが擦り切れるくらい毎日観ていたんですね。それで「いつかロビンソンさんに習いに海外まで行きたい」と思っていたんですけど、ちょうどそんなときに宮戸優光さんがUWFスネークピット・ジャパンを高円寺に立ち上げられて。ロビンソンさんがコーチとして日本に来るって聞いたとき、ジムのオープン前にお願いしに行ったんですよ。

——スネークピット・ジャパンができる前から、ずっと習いたいと思っていたんですか！

里村　そのときはまさかロビンソンさんが日本に来るとは思ってなかったんですけど、「来る」って聞いたときは願いが通じたんだと思いましたね。これが私のプロレス人生で二番目の奇跡です。一番目の奇跡はガイアジャパンに入って長与（千種）さんの弟子になったことですけど、二番目の奇跡はビル・ロビンソンさんに教えてもらったことです。自分の中では信じられないくらいの出来事で、いまだにあの経験と思い出は自分の宝だと思っています。

——自分が知ってるプロレスとは違うレスリングがありましたか？

里村　ホンモノでした。いまでもああいった技術は特に日本人選手は学んだほうがいいと思いますね。

「年齢を重ねるごとにレスラーとして魅力が出ることを追求していかなきゃいけない」

——猪木さんの新日本プロレスの源流も、カール・ゴッチさんから指導を受けたキャッチの技術ですからね。だからいま「ストロングスタイル」という言葉がWWEでも使われていますけど、それを若い頃に学んだ里村さんがいまイギリスに持ち帰るというのも大河ドラマですね。

里村　ただ、私は中途半端で終わってしまった後悔があるんですよ。ロビンソンさんに教わり始めて1年くらいでガイアジャパンの試合とかが忙しくなって、ある時期から高円寺まで通えなくなってしまったんです。それがいまでも心残りなんですよ。ロビンソン先生に挨拶もできないままだったので。その想いを手紙にはしたためたんですけどね。「私はもうジムには練習に行けませんが、教えていただいたことは本当にうれしかったです」という内容の手紙とプレゼントを買って贈って。読んでいただけたかどうかはわかりませんけど、それが最後でしたね。

——ちなみに何をプレゼントされたんですか？

里村　渋谷にある大きいサイズの店でセーターを買ったんです。ロビンソン先生は凄く身体が大きかったので、どのくらいのサイズを買ったらいいのかわからなかったんですけど、たぶん5Lぐらいのセーターを買って。プレゼント用に包んでもらって手紙と一緒に郵送しましたね。

——では、いまでも心の師匠のひとりなんですね。

里村　はい。なので今回、イギリスに来たときに思ったのは「ロビンソン先生が私を連れて来てくれたんだ」って。10代のときからイギリスに行くのが夢で、この歳になってまたイチから夢を追えるっていうのは本当に導かれたと思っています。

——以前、「アスリートとしては引退を考えるくらいの年齢にはなってきたけれど、自分はもうひと花もふた花も咲かせたい」と言われてましたけど、ここに来て凄く可能性が拓けてきましたよね。

里村　そうですね。ここからがスタートで、選手としてもコー

UK

チとしても追求していきたいです。私が25歳のときにガイアジャパンが終わったんですけど、その当時は25歳ということはもう現役生活の終わりのほうかなと思っていたので。

——25歳とはいえ、キャリア10年ですもんね。

里村 それで私はデビューの頃から〝驚異の新人〟みたいに言っていただき注目はされていたんですけど、これからもプロレスを続けるなら年齢を重ねるごとにレスラーとして魅力が出ることを追求していかなきゃいけないと思ったんですね。そのとき、自分の衣装や使う技もこれから5年、10年と積み重ねたら、さらに輝くものにしていかなきゃいけないって、25歳のときに凄く考えました。

——なるほど。たしかにそれまでは上の人にガムシャラに向かっていくイメージが強かったですけど、25歳、キャリア10年を迎えたとき、そうではない自分を作り上げていかなきゃダメなんだと。

里村 自分自身、若い頃はガムシャラにぶつかっていくのを売りにしていたんですけど、身体を酷使しすぎて腰がヘルニアになってジャーマン・スープレックスが使えなくなったりとか、できないことも増えてきてたんですよ。なので「これを続けてたらレスラー生命が短くなる」と思ったとき、「切り替えていかなきゃいけないな」と思ったんですね。

——そこがひとつの転機だったんですね。

里村 転機でしたね。そのときに自分のいまの衣装の元となったガウンやコスチュームをデザイナーさんと一緒に考えたんですよ。「30歳になっても40歳になっても映えるようなものを」って凄く考えてましたね。

——和の要素も入れて。そういえば里村さんは演歌とかも好きですもんね。川中美幸さんの大ファンで。

里村 そうなんですよ（笑）。

——女性演歌歌手って、20代よりも30代、40代と年を重ねるごとにさらに魅力を増していくじゃないですか（笑）。

里村 そこなんですよ！ やっぱり着物を着たときに味が出るような、そういうプロレスを目指さなきゃいけないなと、25歳のときに思ったんです。

——まさにそれが41歳のいまの形になったわけですね。

里村 だから私自身も、レスラーとしてもっと味が出てくるのはこれからだと思っています（笑）。

「アメリカのトップで活躍しているサーシャ・バンクスやシャーロット・フレアー、ASUKA選手たちは本当にプロです」

——節目という話で言えば、東日本大震災からちょうど10年が経って、こういう大きな転機を迎えるというのも運命的ですね。

里村　震災のときに仙女を会社として独立させたので、それ以降、いろんなことを何役もやってきた自分がいて、正直「もう惨めだな」って思うこともいっぱいあったんです。会社を立ち上げた当時は人件費を削ることしか考えてなくて、人に頼むお金があるんだったら自分でやればいいと思っていたんですね。

――全部、背負い込んじゃってたわけですね。

里村　たとえばリングトラックの運転手がいないから、自分でやろうと思って大型免許を取りに行って運転したりとか、チケットの営業なんかも全部自分でやって。でも自分ひとりでやれることなんて限られてるんですよね。たとえば博多大会前にチケットの営業に行っても、結局は全然売れなくて交通費と飲食代のほうがかかるみたいな。それで売れないまま仙台に帰ってきて「私、何やってんだろ……」って思ったりもして。

――営業は大変ですよね。

里村　本当に大変です。自分は現役レスラーですけど、営業マンとして行くとそこで言われるわけですよ。「昔のクラッシュ・ギャルズの時代はよかったけど、いまはちょっとね……」みたいな感じで。そうすると自分が凄い惨めになるんですよね。

――レスラーと営業マンの両方で力不足を感じさせられてしまうわけですね。

里村　いくらリングで声援を受けても、そういうことを言われると凄く現実に戻ったりもするんですけど。でも「いつか見てろよ！」って思って、少しの可能性を信じてやり続けてきたら、少しずつよくなってきて。2年前に自分が抱えてきたものを人に任せると決めたとき、そっちのほうがうまく行くようになって。それで少しずつお客さんも増えてきて、選手も増えてきて。ちょうど震災から10年で結果を出さなきゃいけないと思ったんですね。やっぱり震災から10年を期に、自分がいまいちばん幸せである状態でいたい。輝いている状態に持っていきたかったんです。

――この10年の成果を形にしなきゃダメだと思ったわけですね。

里村　そうです。そしてちょうど10年でＮＸＴ ＵＫというチャンスをつかんで。いまは10年間かけて険しい山を登ってきて、ようやく山頂に立つことができたので、次はもっと険しい山に登ってみたくなった。そんな気持ちで挑んでいますね。

――里村さんがイギリスに行けるということは、仙女のほうも震災から10年が経ち、みんなに任せられるようになったわけですよね。

里村　そうですね。いまは選手に対して私はほとんど口出しをしていないので。そういう状況にすることができたので、私も心置きなく、新鮮な気持ちでがんばることができますね。

UK
UK
UK
UK

――いま、イギリスに行って困っていることはありますか？

里村　英語です。

――やっぱり言葉の問題ですね。

里村　英語がそこまでできなくても、コミュニケーションは取れるんですよ。でも向こうのコーチ業を見ていると、しっかり英語ができなければ務まらないなと思いました。これは言葉の面でも甘えてる場合じゃないと思って。コーチをやりたかったら本気で英語を学んで、完璧にしないといけないんだって思いましたね。

――やはり言葉が完璧じゃないと、細かいところまで伝わらないってことですか？

里村　リングに上がれば身振り手振りで伝わるんですよ。でも言葉ができなければ絶対に伝わらないのは、試合前のプロデュースの面ですよね。NXT UKの試合では、コーチがインカムを付けて、アメリカのWWE本社とオンラインでやりとりをしてるんですよ。

――そうなんですか！

里村　そこでアメリカから「こういうふうな演出にしてくれ」って言われたとき、それを選手に指示をするのに英語がわからなかったらできないなと思って。瞬時の判断で、適切な指示を出すのはやっぱり難しいなと思いました。

――WWEはそこまでしっかりと指示系統ができているんですね。

里村　やっぱり凄いですよ。入場のリハーサルをやったりするときも、目線が違うとか、歩き方が早いとかそういうミスがあると、もう1回やり直しをさせられますから。

――特にNXT UKの通常回は、ライブじゃなくて完パケの配信じゃないですか。だから完璧なものを作り上げて、それを世界の人たちに見せる形になっているわけですね。

里村　いまは無観客じゃないですか。無音の中でやるとちょっとした技術のミスも目立つんですよ。そのへんに関して、レスラーはこの時期だからこそ徹底しなきゃいけないんだなって思いましたね。そういう意味ではアメリカのトップで活躍しているサーシャ・バンクスやシャーロット・フレアー、あとはASUKA選手も含めて、本当にプロだなっていうのをしみじみ感じています。

「見た目とかは若いコにはかなわない（笑）。私は培ってきた経験値っていうのをボーンと打ち出したい」

――世界中のWWEユニバースを毎週魅了し続けているわけですもんね。そして里村さんの役割としては、現NXT UK女子王者ケイ・リー・レイとの試合を世界に発信するビッグマッチにしていくってことですよね。

里村　そうですね。私の第1回の放送で焦点は当てられて、タイトルマッチは決まったので。それが世界的に評価されればＮＸＴ ＵＫのレベルや世界的な認知度もさらに上がっていくと思うので。あとアメリカのＮＸＴの選手たちもＵＫを意識するようになると思うんですよね。そういったところでお互いに向上していけるようにするのが私の目的でもあります。

——ＮＸＴ ＵＫというブランドが上がれば、ＷＷＥ全体の底上げにもつながるということですね。今後、里村さんは日本とイギリスを行き来する形になるんですか？

里村　いまはイギリスに住もうと思っています。

——しっかり向こうに根を張ろうと。

里村　もうアパートとか調べてますね。でも家賃が凄い高いんですよ。

——ロンドンって物価がめちゃくちゃ高いですよね（笑）。

里村　東京の一等地くらいの値段なので「大丈夫かな」って思いながら（笑）。

——家賃もそうだし、レストランもまた高いじゃないですか。

里村　高いですね。

——ボクが取材でロンドンに行ったのは10年くらい前ですけど、ホテル代も食事代も高くてびっくりしました。お昼にパスタとちょっとビールを飲んだら６０００円くらいいっちゃって。

里村　そうなんですよ。

——日本の感覚の倍以上ですよ（笑）。では今後は仙女をみんなに任せて、完全にイギリスに拠点を移すわけですね。

里村　ただ、仙女にも出られるときは出たいと思っています。今年はいくつかビッグマッチをもう押さえているので、そこは出たいなと思っています。

——会社として独立して10周年でもありますしね。里村さんが出場すれば、毎回、ＮＸＴ ＵＫのスーパースターの凱旋試合になるので、興行的にもいいし（笑）。

里村　そうですね。自分が特別参加で（笑）。

——将来的にはアメリカのＮＸＴや、ＷＷＥ本体への進出も考えていますか？

里村　夢は広がっていますけど、ＮＸＴ ＵＫに所属したということは、その使命があると思っているんですよ。コーチ業もしてるので、しっかりと選手の技術も上げていって、信頼を得るのがいちばんだと思うんですよね。いま自分がここにいられるのは日本でもイギリスでも信頼を勝ち取ってきたからなので。ここＮＸＴ ＵＫでも確固たる信頼を得る。いま考えるべきことはそこだと思っています。

——そうやって信頼を得て、結果を出していけば、自ずと可能性は広がっていくでしょうしね。

里村　そこらへんは運に任せてる部分もあるので。私は昔から楽観的なんですよ（笑）。

――では、まずはボクらもＮＸＴ ＵＫでの里村さんの活躍を楽しみにしていますよ。これからはＮＸＴ ＵＫが配信される毎週金曜日は早起きしなきゃいけないですね。日本時間だと朝5時だから超早起きですけど（笑）。

里村　5時に起きるって本当にきついですよね（笑）。

――ボクも里村さんのＮＸＴ ＵＫデビュー戦は、朝まで仕事して、里村さんの試合を観てから寝ましたから（笑）。

里村　ありがとうございます（笑）。リアルタイムじゃなくてもいいので、日本のファンのみなさんには、私が向こうでがんばっている姿を応援していただけたらって思いますね。

――そういえば、おとといＳａｒｅｅｅ選手を取材したんですよ。

里村　Ｓａｒｅｅｅはまだ日本にいますか？

――もうまもなく渡米と言っていたので、いま頃飛び立ってるかもしれません。

里村　あっ、そうなんですね。

――その取材をしたとき、「デビュー戦の相手をしていただいた里村さんと同じタイミングで、里村さんはＵＫ、自分はアメリカに行くって凄く運命的なものを感じてます」って言ってました。

里村　そうですね。Ｓａｒｅｅｅのデビュー戦の相手を私がやったんですよ。

――「自分も15歳でデビューして、里村さんも15歳でデビューしてるので」とも。

里村　Ｓａｒｅｅｅも凄いチャンスを掴んだと思うので、がんばってもらいたいですね。

――里村さんと同じくキャリア10年で大きなチャンスが来てということですもんね。

里村　10年でもまだ25歳ですからね。凄くないですか？

――里村さんもそうだったじゃないですか（笑）。

里村　あのときはそうでしたけど、いまはもう若いコには見た目とかはかなわないじゃないですか（笑）。男性ファンも若いコについたりするので、私は培ってきた経験値っていうのをボーンと打ち出したいなと思って。さっき言った大御所演歌歌手を目指していこうと思ってます（笑）。

――道なき道をいくわけですね。ＷＷＥがスカウトするのはみんな若い選手なわけじゃないですか。40代で大ベテランの女子選手がスカウトされるって、これまで聞いたことないですから。

里村　聞いたことがないですね。

――だから里村さんは世界的な新ジャンルですね（笑）。

里村　そう言われると、これからますますがんばらなきゃいけないですね（笑）。イギリスで一生懸命やってきます！

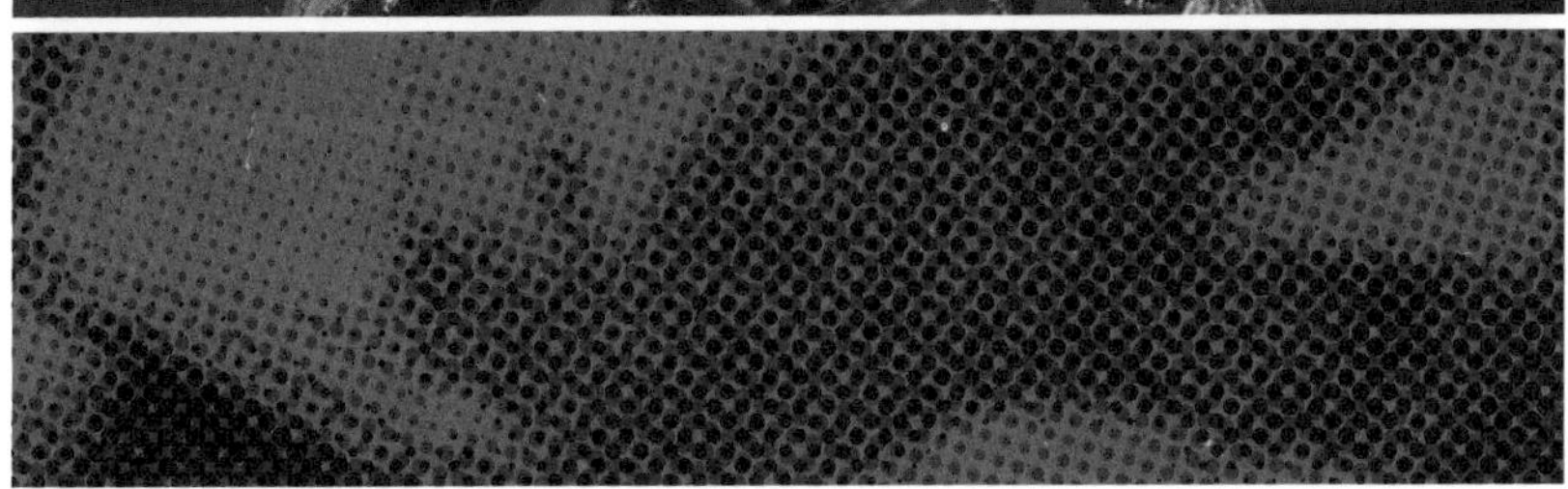

里村明衣子（さとむら・めいこ）
1979年11月17日生まれ、新潟県新潟市出身。プロレスラー。センダイガールズプロレスリング代表。NXT UK参戦。
中学時代に柔道で活躍中に女子プロレスに出会い、1994年にGAEA JAPANのオーディションを受けて合格。長与千種のもとで厳しいトレーニングを積み1995年4月15日、加藤園子戦でデビュー。15歳の最年少レスラーとして注目を浴びた。その後、女子プロ共催の『ジュニア・オールスター戦』でメインイベント出場するなどGAEAのエースに。2005年に腰椎捻挫と椎間板ヘルニアを同時発症して長期欠場。2006年、GAEAが解散し、新崎人生に誘われ仙台拠点の『センダイガールズプロレスリング』を旗揚げ。自らがエース兼コーチとして手腕を振るう。2017年11月、アメリカ・チカラプロの6人タッグトーナメント『キング・オブ・トリオ』優勝、2018年3月、イギリス・ファイトクラブプロでは女子で初めて男子団体のベルトを奪取するなど、世界中から注目されている女子レスラーである。2021年1月、WWEと日本人初となるコーチ兼選手契約を結ぶ。

バッファロー
吾郎Aの
きむコロ列伝!!
Buffalo
GoroA

第111回 カーフキックとガッキー

バッファロー吾郎A

バッファロー吾郎A/本名・木村明浩（きむら・あきひろ）1970年11月24日生まれ/お笑いコンビ『バッファロー吾郎』のツッコミ担当/2008年『キング・オブ・コント』優勝

コナー・マクレガーの復帰戦といい、大晦日のRIZINといい、総合格闘技界はカーフキック一色に染まりつつある。カーフキックとは相手のふくらはぎ（カーフ）付近を蹴るローキックのことだが、昔から存在したこの技が、MMAの進化に伴って再注目されはじめ、最近では『カーフキック禁止論』まで議論され始めた。

いち格闘技ファンとして、選手のケガの問題や試合があっけなく終わるパターンが多くなることなど、賛成派の気持ちがわからないでもないが、私は禁止反対派だ。理由はふたつあり、ひとつは禁止することでMMAの技術の進歩が止まる気がする。昔はマウントポジションを取った時点で将棋の『詰み』のような時代があったが、先人たちの血の滲む研究と努力でマウントが『詰み』ではなくなった。新しい技術がリングやケージで披露されたときの衝撃は観ていて鳥肌が立つ。それも格闘技やプロレスを観戦するうえでの楽しみのひとつだと思う。

そしてもうひとつは、『カーフキック』という言葉がこの世から消えること。それは非常にもったいない。『カーフキック』という言葉の響きはとてもよい。言葉の響きがよいとギャグにも使いやすい。一般の人にはどうでもいいことかもしれないが、芸人にとっては死活問題になりかねない。

そう言いながら、いま私の頭の中には『シシド・カフカーフキック』くらいしか思い浮かばないが、ほかにもたとえばガッキーこと新垣結衣ちゃんが、

「デートに遅刻したバツとしてカーフキック！」

と、ほっぺたを膨らませながらチョコンとふくらはぎを蹴る姿を想像してみてほしい。こんなかわいくて微笑ましい姿はない。これはカーフキックだからかわいいのであって、違う技だとそうはいかない。「デートに遅刻したバツとして4点ポジションでの頭部への打撃」

だと言葉の響きが悪いし、こちらが土下座して謝っている途中でいきなり頭部へガッキーのヒザ蹴りが飛んでくるという状況。こちらがルールを認めていないのに食らったらたまったモンじゃない。ルールを認めたアナウンスがあったときに歓声が起こるのは、日々鍛えているプロだからだ。

「デートに遅刻したバツとしてチョークスリーパー」

これもよくない。ガッキーに密着できるからよいのでは？と思うかもしれないが、ガッキーの腕は細いので極まりやすい。公衆の面前で落とされるのはイヤだ。

「デートに遅刻したバツとしてアイアン・フィンガー・フロム・ヘル」

ガッキーに密着できないうえに金属で首を突かれるという行為は何のメリットもない。ガッキーがアイアンフィンガーを収納するポシェットみたいなモノを首からぶら下げている姿も似合わない。

「デートに遅刻したバツとして白目式腕固め」

ガッキーが永田裕志選手みたいに白目を剥く顔は想像したくない。永田選手が監修している『白目になれる永田レンズ』というカラーコンタクトレンズが存在すると知って買おうとしたが、エイプリルフール情報だった（苦笑）。

「デートに遅刻したバツとしてバルコニーダイブ」

後楽園ホール限定だが、ガッキーも危ないのでやめてほしい。

「デートに遅刻したバツとしてダブルインパクト」

言葉の響きはいいが、ガッキーが肩車をする場合はホークが、ガッキーがフライングラリアットをする場合はアニマルがそこにいることになる。つまりこれはデートではない。

「遅刻してきた私に「もう、遅い！」と言いながら抱きついてくるガッキー。そんな愛おしい彼女を抱きしめようとした瞬間、彼女は自分の肩で私の顎を突きあげる。その衝撃で私は脳が揺れて動きが止まる。そこでガッキーはすかさず私のボディにヒザ蹴りの連打。頭部に打撃は入れない。なぜなら頭部への打撃のときにフワフワして気持ちのよい状態になるから。地獄のような苦しみを味わいながら倒れるとマット・ヒューズポジションに持ち込みタコ殴り」

肩パンチからの制裁。

いろいろと書いてみたが、やはりカーフキックがなくなるのはいろんな意味でもったいない。でも闘っている人たちが「禁止してほしい」と言うなら禁止でかまわないと思う。

KAMINOGE COLUMN

プロレスがわかれば世の中が、
そして世界が見えてくる。

斎藤文彦×プチ鹿島

活字と映像の隙間から考察する

プロレス社会学のススメ

撮影：タイコウクニヨシ　写真提供：プロレスリング・ノア　司会・構成：堀江ガンツ

第11回

馳浩と山田邦子の和解から振り返る『ギブUPまで待てない!!』

かつて新日本プロレスを中継していたテレビ朝日『ワールドプロレスリング』が、バラエティの要素を加えた『ギブUPまで待てない!!ワールドプロレスリング』として番組をリニューアルしたことがあった。1987年のことである。「プロレス+バラエティ=面白すぎるスポーツ番組の登場!」というコンセプトのもと、当時人気を博していた山田邦子をメインパーソナリティとしたスタジオ収録のバラエティを中心に試合中継を挟み込むという構成だったのだが、なんと視聴率は……。

「『元気が出るテレビ!!』のプロレス予備校が、ある意味で『ギブUPまで待てない!!』の元になっていたと」（鹿島）

鹿島　この号が出る頃にはもう2カ月も前の話になっちゃいますけど、まずは〝イッテンヨン〟について語りたいんですよ。

——今年は東京ドームではなく後楽園ホールのほうで、我々、昭和から観ている世代にとっての〝ビッグサプライズ〟があったという（笑）。

鹿島　そうなんです。ひさしぶりに嗅覚が働きましたね。ノアの1・4後楽園に行ってよかったですよ。なんと言っても「馳浩&山田邦子、和解!」ですよ。とりあえず、今年これまでのいちばんいいニュースですよ（笑）。

斎藤　明るいニュースですね。ただ、『ギブUPまで待てない!!ワールドプロレスリング』という番組内で、馳浩が山田邦子さんをスタジオでどやしつけたあのシーンを知らないファンもかなりいたわけですよね。

鹿島　一部の好事家がザワザワしただけで、いまのファンはぽかーんでしたね（笑）。

斎藤　あれは1987年（昭和62年）なの

で、34年前ですから。
――ボクらはそこまで昔な気がしないんですけどね（笑）。
鹿島　会場で観ていて、「これは歴史的な事件だ！　和解だ！」って思ったんですけど、34年も前のことという（笑）。
――ただ、あの映像はいまだにYouTubeなどにもアップされていて、ある意味プロレス史に残りますよ。『ギブUPまで待てない!!』といえばあのシーンという。
斎藤　『ギブUPまで待てない!!』という番組自体、昭和世代のプロレスファンにとってあまりいい思い出として残っていないですからね。
――"黒歴史"になっていますよね。
鹿島　『ギブUPまで待てない!!』っていうのは、それまで純粋に試合を流すスタイルだったプロレス中継に、バラエティ番組的な要素が加えられて、スタジオからの中継も入ったわけですよね。そのMCを当時人気絶頂の山田邦子さんが務めていたという。
――山田邦子さんは、あの翌年から8年連続でNHKタレント好感度調査1位ですからね。
斎藤　そして当時の馳浩の立場をおさらいしておくと、ジャパンプロレスが分裂して、長州軍団が全日本から新日本にUターンする中で、全日本とも新日本とも契約していなかったのが、フリーランサーのマサ斎藤と、カルガリーから帰国したばかりで日本デビュー前の馳浩だったんです。
――日テレとの契約問題がない、長州軍のワイルドカードですよね。
鹿島　だからこそ日本デビュー前ながら、長州軍を代表してスタジオインタビューを受けたわけですよね。あのとき、山田邦子さんは馳浩になんの質問をしたんでしたっけ？
斎藤　流血シーンがある試合映像を観たあと、「あの血は控え室に戻るとすぐ止まるものなんですか？」って聞いたら、馳が「つまらないこと聞くなよ、止まるわけないだろ！」と声を荒げる流れでしたね。
――そしてスタジオが凍りつくという。まあ、馳と山田邦子さんの話はまた後半で話すとして。フミさんはあの番組で放送作家をされていたんですよね？
斎藤　はい。第1回放送から関わっていました。
――なので、今日は『ギブUPまで待てない!!』を通じて、プロレスとテレビというテーマで語っていきたいと思うんですよ。
鹿島　いいテーマですね。そもそもフミさんはどういう経緯で番組に関わるようになったんですか？
斎藤　1986年の暮れなんですけど、まだ「テリー伊藤」に変身する前のIVSテレビ制作という制作会社のプロデューサーだった伊藤輝夫さんに呼ばれたんです。
鹿島　テリーさんがまだタレントになる前の、制作として超やり手のときですよね。
斎藤　当時の日曜夜8時の大人気番組『天才・たけしの元気が出るテレビ!!』のチーフプロデューサーですよ。その番組内で「プロレス予備校」という、番組からプロレスラーを誕生させるという企画があったんです。
――素人時代の松永光弘さんが、タイガーマスクの格好で出演していたんですよね（笑）。
斎藤　結局、その企画自体は日テレ系の全日本プロレスとの連携がうまくいかなくて途中で頓挫したんですけど。そのとき、ボクもちょっと協力したこともあって、その翌年の冬、また伊藤さんに呼ばれたんです。

鹿島　『元気が出るテレビ!!』のプロレス予備校が、ある意味で『ギブUPまで待てない!!』の元になっていたと。

斎藤　それで伊藤さんに「今度、ウチでプロレスやるからよ」って言われて、最初は通常のプロレス中継とは別にプロレスバラエティ番組が誕生するのかと思っていたら、テレビ朝日の新日本の中継をIVSが作るって話だったんです。ボクが会議に参加したときは、もう『ギブUPまで待てない!!』っていうタイトルも決まっていましたね。その番組名の由来は、のちにテレ朝のプロデューサーだった木村寿行さんから聞くことになるんですけど、「このままの数字（視聴率）ではゴールデンは維持できない。ギブアップまで待てないよ」っていう意味だった。

鹿島　番組自体がギブアップ寸前だと。ボクらは子どもの頃、週プロなんかを通じてテレビにとっての視聴率の重要性を知りましたけど、「このままの視聴率ではゴールデンを維持できない＝プロレス自体の危機」ということですよね。

――テレビなしではプロレス団体は維持できない、と言われていた時代ですからね。

斎藤　「このままの視聴率ではゴールデンタイムは維持できない」と言われ始めたのは、1985～1986年くらいからで、猪木vsブルーザー・ブロディがあったり、前田日明を筆頭にしたUWF軍団が新日本にUターン参戦してきた、あのへんなんです。

鹿島　猪木vsブロディも、新日本vsUWFもプロレスファンは大騒ぎでしたけど、視聴率としては伸びていなかったと。

『バラエティじゃなきゃ数字は取れない』というほうに神経がいきすぎていて、最初から違和感しかなかった」（斎藤）

――あの頃、視聴率12～14パーセントぐらい取っていたので、そこまで悪くない気もするんですけど。その前の常時20パーセント以上取っていた、80年代前半のプロレスブームが基準になっちゃっているんですよね。

斎藤　まさにそうなんです。テレビ朝日からすると「ほんの3年前までは20パーセント台、ピーク時には30パーセント台も取ってたのに、なんで取れないの?」って話になるんですね。しかも裏番組に『太陽にほえろ!』や『3年B組金八先生』という強力なライバルがいた時代でも取れていたのにって。

鹿島　数字だけで判断する人はそうですよね。初代タイガーマスクの黄金時代と比べちゃって。

――『8時だョ!全員集合』が視聴率20パーセントになっただけで「人気低下」「ドリフはもう終わり」みたいに言われたのと同じですよね。「以前は30パーセント以上取ってたのに」って（笑）。

鹿島　元の基準が高すぎるっていう（笑）。

斎藤　だから『ワールドプロレスリング』も、当時のプライムタイムの番組として考えると、15パーセントを切った時点で、打ち切りや時間帯変更が検討されて。「もうギブアップまで待てないよ」ってことで『元気が出るテレビ!!』で高視聴率を獲得していたIVSテレビの制作チームがそのままやることになったんです。

鹿島　テコ入れのために〝高視聴率請負人〟を招聘したわけですね。フミさんは『ギブUPまで待てない!!』の番組コンセプトについては、どう思っていました?

斎藤　ボクなんかは最初から違和感しかなかったです。というのは「プロレスとバラエティが合体したものを作る」という番組コンセプトは最初からできあがっていて、1時間番組なのに作家さんが4人も5人も入っていたんですよ。

鹿島　バブルですねー（笑）。

斎藤　ディレクターも4〜5人いて、プロデューサーもふたりいる。そして「バラエティじゃなきゃ数字は取れない」って、そっちのほうに神経がいきすぎていて。テレ朝も運動部ではなく、制作3部というバラエティ番組を作る部門に『ワールドプロレスリング』を移したわけですね。

——スポーツ班制作ではなくなったと。だからオープニングテーマ曲も「テレビ朝日スポーツテーマ 朝日に栄光あれ」じゃなくなりましたもんね。

鹿島　たしかにそのタイミングですね。

斎藤　『ギブUPまで待てない!!』は、オープニングとエンディングの曲は男闘呼組を使うってことも最初から決まっていたんです。

鹿島　いたな〜、男闘呼組（笑）。

——その後の久保田利伸やチャゲアスはけっこうよかったんですけどね（笑）。

斎藤　局サイドのプロデューサーもいるんだけど、番組制作はIVCにほぼ丸投げ。とはいえ、純粋なバラエティ番組ではなくプロレス中継でもあるから、地方局との共同作業を含めたスポーツ番組的なスタンスも同時に続くわけですよ。

鹿島　ということは毎回、会場とスタジオの二元生中継ですか。凄いなあ（笑）。

——全盛期の『ザ・ベストテン』ばりに無茶しますね（笑）。

斎藤　しかも新日本はテレ朝やIVSに対して、当然のことながら試合がどのくらいの長さで、何が起こるかっていうことは一切教えないわけですよ。

鹿島　制作側からすると、タイムスケジュールを立てようがないという。

斎藤　そして試合時間が長くても短くても、スタジオでのタレントのトークの時間は確保するわけじゃないですか。

鹿島　その時点でもうかなり危なっかしいですよね。

斎藤　ボクが見せてもらった進行台本には、「試合終了後のゴングが鳴った2秒後には、スタジオに切り替わってその試合のトークをする」って書かれていたんですね。しかも、なんの構成も聞かされていないパネラー的なタレントさんが何人もいて、ひとりずつ話を振らなきゃいけない。だから1時間番組で3試合放送するとして、試合、スタジオ、試合、スタジオ……って3往復もできないだろうなって、最初から感じていたんです。それこそ1回目に録画でやったときは総尺が2時間くらいになったから、自分たちで映像を作っておいて自分たちでそれを半分捨てたりして。「これを毎週はできないぞ」って思いましたね。

「男闘呼組を入れておけば女性の視聴率も上がるだろうとか、当時観ていて危なっかしいと思っていました」（鹿島）

鹿島　普通にやったら2時間番組にしないと収まらないわけですね（笑）。

斎藤　1時間のテレビ番組って、CMが入るから実際のオンエア時間は46分30秒くらいですよね。でも「プロレスの試合だけじゃ視聴率が取れなくなったから、バラエティ的におもしろくしてください」というところから始まってるから、いろんな企画を入れなきゃいけない。それで山本小鉄さんのプロレス教室とか、お料理コーナー、レスラーの新コスチューム募集といったミニコーナーを考えたりね。

——そんなのがありましたね（笑）。

斎藤　『元気が出るテレビ!!』で考えそうな企画をプロレス番組に入れようとしていて。いわゆるテレビマン的な発想だったら、新日本に対して「すみません。スタジオ部分がありますから、試合時間は短めに終わらせてください」って言っちゃっていたかもしれない。そもそも現場は新日本側と直接、番組内容についての交渉、ネゴシエーションもできなかったんです。制作はIVSだけど、その上にテレビ朝日があって、新日本側と交渉するのは、あくまでも局側のエグゼクティブプロデューサーなんです。

鹿島　そういう風通しの悪さもあったんですね。

斎藤　それで当時は、元テレビ朝日運動部長だった永里高平さんが出向で新日本の取締役にいて、永里さんはもともと大学時代はレスリングのチャンピオンだったんです。昔の全国ネット局の運動部のプロデューサーには、オリンピックや国体優勝級のアスリートがいたんですね。だからエリート同士じゃないとしゃべらないみたいな空気があって、いち制作会社のいちディレクター、いち作家にとってはもの凄く遠い存在だったんです。

鹿島　テレ朝と新日本両方に通じている人がいると、いろいろやりやすそうなもんですけど、現場の人間にとっては遠すぎると。

斎藤　それでIVSはIVSで首脳陣たちがテレ朝に行って、猪木さんや坂口征二さんを含めた会議に同席させていただくという、せいぜいその程度の関係だった。だから現場のディレクターが、猪木さんや坂口さんに「こういうことをしていただけませんか？」なんて、付き合いが浅すぎて、とてもじゃないけど言えなかったんです。要するに誰が誰と直接しゃべるかっていう交通整理さえできていなかった。

鹿島　政府のワクチン担当大臣みたいなものですね。厚生労働大臣もいるのに、誰が仕切ってるんだよっていう（笑）。

斎藤　制作側で猪木さんと直接しゃべれる人は皆無だったんです。でも、プロレス団体サイドが現場に来てるテレビのディレクターに事細かくプロレスのことを教えるはずがないじゃないですか。

鹿島　そうですよね。ましてや、あの時代だったら。

斎藤　プロレス記者だって、何年も通い詰めて学んでいくものですから。ボクなんか新人時代、外国人選手担当だったミスター高橋さんに何度怒鳴りつけられたことか。

——のちに業界の内幕を書いた本を出す人が、いちばんケーフェイに厳しかったという（笑）。

斎藤　たぶん、ボクが『ギブUPまで待てない!!』のスタッフとして呼ばれたのは「プロレスに関して、これは基本的にNGだよってことは教えてね」というニュアンスだったと思うんです。

――ちょっとした監修みたいな感じですね。

斎藤 たとえば、レスラーのタイツの股間の部分に男性のイチモツを思わせるヘビみたいな絵を描いて、入場でまず笑いを取るっていうのをやろうとしてたんです。

鹿島 『元気が出るテレビ!!』がやりそうですね（笑）。

斎藤 そうなんです。とにかく『元気が出るテレビ!!』がやりそうな企画をたくさん出してくるから、「その企画を新日本に持って行ったら怒られますよ」っていうネタのリストにボクがバツをつける役だったんです。

鹿島 ポリスマンですね（笑）。

斎藤 あとはスタジオに来たレスラーにツッコミを入れるために、ハリセンで頭を叩くっていうプランもあったんですけど、「それはホントに怒ると思いますよ」とか。

――もし、山田邦子さんが馳浩の頭をハリセンでぶっ叩いてたら、さらなる大惨事になっていたでしょうね（笑）。

鹿島 フミさんがそれを未然に防いでいたんですね（笑）。

斎藤 でもボクも当時は25～26歳の若手ライターだったので、力がなさすぎましたね。

鹿島 いまになって、『ギブUPまで待てない!!』のことを「あれは早すぎた」「時代を先取りしすぎた」みたいに肯定的な評価をする人もいるじゃないですか。でも、こないだ清野茂樹さんのラジオを聴いていたら、当時のスタジオ出演していたなぎら健壱さんがゲストだったので事前に番組をもう一度観たと言うんです。清野さんは、あの番組をすべて録画しているので。そうしたら「いま観てもやっぱりヒヤッとするシーンがたくさんある」って言っていたんですよ（笑）。

斎藤 プロレスのバラエティっていう概念が具体的には見えていなかったんでしょうね。ただバラエティ的なものをプロレス中継にぶち込むっていう発想だけだったんで。

鹿島 そうですよね。男闘呼組を入れておけば女性の視聴率も上がるだろうとか。それはボクも当時観ていて危なっかしいと思ってました。

――スタジオ出演者のコメントも、たとえばいまの『アメトーーク!』のプロレス大好き芸人とはまったく違いますよね。いまの芸人さんは、これを言ったらプロレスファンはどう思うかまで、ちゃんと考えてしゃべってるじゃないですか。

斎藤 でも昔はそこまでの理解度、プロレス・リテラシーがなかったと思います。

「テレビ朝日から新日本に支払われていた放映権料があれば、アンドレだって毎シリーズのように来ちゃいますよ」（斎藤）

鹿島 だから、あのプロレスとバラエティの融合っていうのは、無理でしたよね。ただ、その一方で昔からアメリカのテレビマッチでは、スタジオのインタビューでレスラーが吠えてから試合を流すみたいなのが普通だった、というのがあったり。

斎藤 マサ斎藤さんはああいうのをやりたかったみたいですね。

――ただ、日本とアメリカって、番組の作り方が根本的に違ったんですよね。日本はあくまで試合はプロレス団体の聖域で、それをテレビ局がカメラや実況スタッフを入

れて放送する形態ですけど、アメリカだとテレビをプロデュースする人から実況アナウンサーまでプロレス団体内の人で、〝一座の一員〟じゃないですか。

斎藤　アメリカはそうですね。プロレス団体が作った〝完パケ〟を電波に乗せるという。

鹿島　だから、さっきの縦割りが多いみたいな弊害はないわけですよね。

斎藤　おそらく、いちばんの違いはお金の問題です。日本だと放映権料という形で、プロレス団体にテレビ局から年間で莫大な資本が投下されるわけじゃないですか。それは力道山が日本プロレスを立ち上げた頃からずっと続いていたことで。新日本が通常の試合中継ではなく、『ギブUPまで待てない!!』というバラエティ形式を受け入れたのも、放送形態は変わっても、放映権料は変わらずにもらえるからですよね。

――それが団体運営の生命線なわけですもんね。

斎藤　80年代当時、1週間単位で2500万とも3000万とも言われる放映権料がテレビ朝日から新日本に支払われていたわけじゃないですか。そうすると月額にして約1億2000万円。年間だと15億円近くになる。それだけの予算があれば、アンドレ・ザ・ジャイアントだって、毎シリーズのように来ちゃいますよ。

――昭和の新日本や全日本が、10人規模の豪華外国人レスラーを毎シリーズ呼べたのは、ゴールデンタイムの放映権料があったからこそですもんね。

斎藤　80年代に新日本、全日本の外国人選手のトップの座にあった、アンドレ、ホーガン、ハンセン、ブロディ、ブッチャーとタイガー・ジェット・シン。彼らはアメリカ国内で活動しているどんな選手よりも、日本での1週間のギャラが高かったんですよ。ハンセンは年に7回ほど日本に来ることで、アメリカのほとんどの選手よりもはるかに高い年収を得ていましたからね。

鹿島　昔のプロレス界は、ジャパンマネーによって多くの外国人レスラーが来たって言われますけど、その原資はどこから来ているかといえば、日テレやテレ朝といった全国ネットのテレビ局だったわけですよね。オリンピックを毎週やっているような感じというか（笑）。

――だから日本のプロレスとアメリカのプロレスのいちばんの違いって、じつは全国ネット局がずっと放映していて、莫大なお金が投下されていたってことなんですよね。

斎藤　そうですね。WWEも昨今はロウに対してUSAネットワーク、スマックダウンにはFOXテレビが年間50億以上の放映権料を出していますけど、番組自体はWWEの自社制作だし。少なくとも80年代前半まででは、アメリカのプロレスはローカル局が放送してくれていただけなんです。

――放映権料を得るためじゃなく、興行の宣伝のために流していただけみたいな。

鹿島　そう考えると、あらためて民放局の存在のデカさを感じますね。プロレスだけでなく、プロ野球の巨人戦だって1試合1億円と言われてましたもんね。

――だから新日本も全日本も、その莫大な放映権料のためにも、ほかの番組に負けない視聴率を取り続けなければいけなかったわけですよね。

鹿島　数年前、ボクはテレビ関係者に話を聞いたんですけど、猪木さん、馬場さんというのは、プロレス団体の長であると同時に、毎週テレビのゴールデンタイムで高視聴率を取らなければならない、プロデューサーでもあったと。

――興行会社であると同時に、ゴールデンタイムの番組を作る制作会社のトップでもあるという。

鹿島　そしてボクらファンは漠然とプロレスは永遠に続くもんだと思っていたけど、猪木さんや馬場さんからすればいつテレビが打ち切られるかわからないし、もしテレビから切られたら、プロレスというジャンル自体がなくなる恐怖とも闘いながら、毎週高視聴率を叩き出していた。凄いテレビマンでもあったんですよね。

斎藤　だから大衆のニーズをつねに考えていたと思います。どうすればプロレスを観てもらえるか、ということを。

鹿島　毎週視聴率20パーセント以上取っていた80年代前半も、まず番組の最初にタイガーマスクを登場させて〝掴み〟に使うとか。テレビプロデューサーとしての仕掛けも、いろいろやっていたわけですよね。ただ、その力が落ちてきたとき、テリー伊藤さんやビートたけしさんの力を借りることとなった。それが『ギブUPまで待てない!!』であり、たけしプロレス軍団であったと。

斎藤　テレビは視聴率だけが〝正義〟じゃないですか。どんな方法であれ、視聴率を取ればそれが正解になりますけど、逆に取れないとすぐに方向転換もするんです。新日本の放送に関して言えば、それまで通常の試合放送で12パーセントくらい取っていたのが、スタジオバラエティにしたら、最低で3パーセントまで落ちたんですね。

鹿島　3パーセント！　それはまた凄まじい落ち方ですね（笑）。

――『ギブUPまで待てない!!』の第1回放送分が、たしか5・4パーセントだったんですよね。

斎藤　第1回はそうで、そのあと3パーセント台まで落ちちゃったんです。そうするとテレビとしては「これはダメだ！」っていうことで、わずか数週間でスタジオパートをキッパリ辞めてね。そこからはいまで言うところの煽り映像を十分に使ったプロレス中継になったんです。

「いまはプロレス団体とテレビ局の関係も成熟してきた感がある。プロレス自体の価値観を認め、そのおもしろさを伝えようとしている」（鹿島）

――だから『ギブUPまで待てない!!』の後期って、けっこういいんですよね。

鹿島　視聴率が急落したことで「やっぱりファンに寄り添った構成にしないとダメなんだ」となって、プロレス中継自体をブラッシュアップする方向に転換したというのは、功罪で言えば功の部分ですよね。

斎藤　『ギブUPまで待てない!!』をやってみて、あたりまえですが試合自体は制作会社がいじれないっていうことを現実としてひしひしと感じたんでしょう。

――だから『ギブUPまで待てない!!』は、1987年3月末に始まって、9月末には終わって、元の『ワールドプロレスリング』にタイトルも戻りましたけど。その直後、1987年10月頭にやった、猪木vsマサ斎藤の巌流島の決闘と、長州vs藤波の後楽園ホールの特番は、二元中継なのに凄くいい構成だった記憶があります。

斎藤　あれは放送前日に行われた巌流島の決闘を、徹夜で編集した蔵出し映像と、翌日の後楽園の生放送をくっつけたんです。

鹿島　長州の相手が、藤波になるのか、前田になるのか、ミスター高橋のコイントスで決まったときですよね。あの放送はよかった。だから『ギブUPまで待てない!!』はスタジオバラエティの部分だけで、どうしても功罪が語られがちですけど、それがうまくいかなかったからこそ、のちの番組作りにいい影響も与えていたことがわかりますね。

――のちのK-1やPRIDE、いまのRIZINといった格闘技番組の作りにも繋がっていますからね。

鹿島　煽り映像なんかは、まさにそうですよね。

斎藤　あとは対戦カードはそれまで文字だけだったのが、選手の画像やグラフィックを使うようになったりと、映像的にも進歩したものが生まれてきたのもあの頃だったと思います。だから、プロレスの試合そのものは加工はできないけど、そこに至るまでの部分はテレビ側でも演出できるんだっていうのが、なんとなくわかったんじゃないですかね。

――試合のソフトはプロレス団体が作り、それをどう見せるかはテレビ側が工夫するという、いい意味での健全な分業体制になったという。80年代はプロレスの内幕は絶対に外には出さない時代でしたから、そうするしかなかったとも言えますけど。

斎藤　新日本も手の内をすべてテレビ局に明かすことは、決してしませんでしたからね。昔、テレビ朝日の偉いプロデューサーさんが猪木さんに聞きに行ったらしいんですよ。「プロレスっていうのはホントのところ、どういうものなんですか？　八百長ですか？」って。

鹿島　そんな単刀直入に（笑）。

斎藤　テレビ局の人だから、どうしてもそういう聞き方になるじゃないですか。すると猪木さんは「そういう次元で捉えてほしくない」って答えたらしいんです。

鹿島　なるほど。そんな二元論で語れるものでもないし。そう考えると、いまはプロレス団体とテレビ局の関係も成熟してきた感がありますよね。テレビ局側もスポーツなのか、八百長なのか、みたいな感じではなく、プロレス自体の価値観を認めて、そのおもしろさをしっかり伝えようとしている。

――『ワールドプロレスリング』の地上波放送こそ、（関東地方は）土曜深夜の30分番組ですけど、BS朝日では『ワールドプロレスリングリターンズ』を黄金時代と同じ〝金曜夜8時〟に放送していますしね。

斎藤　BS朝日でいい時間に放送しているという状況は、ボクらが考える以上にパワーを持っている気がするんですよ。BSとはいえ、普通のご家庭でも無料で観れちゃうから。

鹿島　いまは年配の人なんか、地上波よりむしろBSを観てますもんね。

斎藤　昨年からスターダムの中継がBS日テレでスタートしましたけど、それによって首都圏以外での知名度が凄く上がったんですって。関西で試合をしたりすると、それが顕著だって聞きました。

――新日でいえば、通常の『ワールドプロレスリング』とBS朝日のほかに『新日ちゃん。』っていうバラエティ番組もテレ朝の深夜にやっていますしね。

鹿島　バラエティを『ワールドプロレスリング』の試合中継とは別にしたっていうのは、あきらかに『ギブUPまで待てない!!』の教訓が生きてますよ！（笑）。

――80年代当時は、いまの何十倍もプロレス中継とバラエティの食い合わせが悪かったですからね。そりゃ、うまくいかないだろうという（笑）。

鹿島　また馳浩と山田邦子さんという組み合わせも、いま思えばよくなかった。まだ日本デビュー前の新人が、超売れっ子の女性芸能人に声を荒げたことで、大ごとになってしまったわけですからね。

「結果的に馳はこれ以上ないインパクトでテレビデビューはしたわけです。かならず重要な役割が与えられてきた」（斎藤）

――先日、馳と山田邦子さんの一件について、馳のジャパンプロレス時代の先輩で、海外遠征時代のパートナーでもあった新倉史祐さんがツイートをしていたんですよ。新倉さん曰く、あのスタジオインタビュー前、馳は凄く心配していたらしいんですよ。要は、まだ自分は色のついていないデビュー前の大事なときに、番組内でおちゃらけた質問でいじられたりしたら、自分のデビューが台無しになってしまうと。それで「どうしたらいいですか？」って相談したら、新倉さんが「じゃあ、最初から一発カマしてやれよ」って言ったっていう（笑）。

鹿島　新倉さんに言われて、カマした結果だったとは（笑）。

――だから馳が「つまんないこと聞くな！」ってキレた場面って、「急にそんなに怒ること？」っていう感じだったじゃないですか。

鹿島　じつは山田邦子さんも「えっ？」っていう感じだったんですよね。

――「血はすぐに止まるんですか？」って、門外漢が素朴な質問をしただけですからね。

斎藤　ただ、あのシーンを深読みの深読みをしちゃうと、門外漢がプロレスラーに対して流血に関する質問をするっていうのは、とてもデリケートな部分だから、当然起こりうるシーンでもあるんですよ。

――山田邦子さん自身は、悪気もなければ、その言葉に他意もないけれど、馳は「あの流血はインチキなのか？」っていうふうに受け取った可能性もあると。

斎藤　文脈としてね。

鹿島　馳もけっこう緊張していた感じなん

ですよね。

――まだ新人だし、ゴールデンタイムの生放送でナメられちゃいけないっていう気持ちもあっただろうし。

鹿島　またあの時期、プロレス番組がバラエティ路線になったということに対して、プロレスファンがイライラしているときですから、その矛先がMCの山田邦子さんに向かってしまった部分もありますよね。

斎藤　本当だったら、そこは隣に座っていた藤井暁アナが助け舟を出せばよかったんでしょうけどね。

――その藤井アナもオロオロしちゃってましたもんね（笑）。

鹿島　だから山田邦子さんからすれば、いびつな形で溜飲を下げさせられたっていうのがありますよね。

――プロレスファンの被害者妄想というか、べつにバカにしていないのに「プロレスをバカにするな！」っていう（笑）。

鹿島　いろんなものがあそこに集約しちゃって、馳も緊張している中でナメられちゃいけない。何か言われたら言ってやろうっていうのがあって。

斎藤　まあ、結果的に馳はこれ以上ないインパクトでテレビデビューを果たしたわけじゃないですか。

鹿島　うるさ型ファンの好感度は上がりましたよね。

――あのインタビューの前後、両国でやった猪木vsマサ斎藤（1987年4月27日・両国国技館）で馳はマサさんのセコンドについて。最後、客席にいる長州に「もうダメですか？」って手で「×」を作って確認して、試合をストップするという重要な役割も果たしているわけですからね。

鹿島　テレビ的には破格のデビューをやっているわけですよね。

――そして、その年末には『イヤーエンド・イン・国技館』で小林邦昭相手にデビュー戦を行って、いきなりIWGPジュニア王者になるという。

鹿島　たけしプロレス軍団で暴動が起きたときですよね。だから、あの年はすべて馳でつながっているわけですよ。

斎藤　ロサンゼルスオリンピックの元日本代表としてプロレスに転向してから、馳浩というエリート・アスリートは新人時代からどうでもいい役だったことは一度もないんです。かならずそのときそのときの重要な役割が回ってきて、先日もオリンピック組織委員会会長の森喜朗元首相の横に座っていましたからね。いま絶対にあってはいけない、女性蔑視発言がありましたけど。

鹿島　あそこでこそ、馳は「×」するべきだったんですよ。「ダメです！　ダメです！」って（笑）。

――脱いだトレーナーを投げ入れて、止めるべきシーンだった（笑）。

鹿島　そうしたら馳浩の株も上がっていたはずなんですけど、もうダメですね（笑）。

――では、いいオチがついたところで。また次回もよろしくお願いします！

斎藤文彦
1962年1月1日生まれ、東京都杉並区出身。プロレスライター、コラムニスト、大学講師。
アメリカミネソタ州オーガズバーグ大学教養学部卒、早稲田大学大学院スポーツ科学学術院スポーツ科学研究科修士課程修了、筑波大学大学院人間総合科学研究科体育科学専攻博士後期課程満期。プロレスラーの海外武者修行に憧れ17歳で渡米して1981年より取材活動をスタート。『週刊プロレス』では創刊時から執筆。近著に『プロレス入門』『プロレス入門II』(いずれもビジネス社)、『フミ・サイトーのアメリカン・プロレス講座』(電波社)、『昭和プロレス正史 上下巻』(イースト・プレス)などがある。

プチ鹿島
1970年5月23日生まれ、長野県千曲市出身。お笑い芸人、コラムニスト。
大阪芸術大学卒業後、芸人活動を開始。時事ネタと見立てを得意とする芸風で、新聞、雑誌などを多数寄稿する。TBSラジオ『東京ポッド許可局』『荒川強啓デイ・キャッチ!』出演、テレビ朝日系『サンデーステーション』にレギュラー出演中。著書に『うそ社説』『うそ社説2』(いずれもボイジャー)、『教養としてのプロレス』(双葉文庫)、『芸人式新聞の読み方』(幻冬舎)、『プロレスを見れば世の中がわかる』(宝島社)などがある。本誌でも人気コラム『俺の人生にも、一度くらい幸せなコラムがあってもいい。』を連載中。

鈴木みのるのふたり言

第92回 ジャイアント馬場のプロレス

構成・堀江ガンツ

——2月4日に後楽園ホールで開催された『ジャイアント馬場23回忌追善興行』に鈴木さんも出場されていましたけど、生前の馬場さんとはお会いしたことはないんですよね？

鈴木　そう思っていたんだけど、俺が子どもの頃に全日本プロレスを観に行ったとき、売店で似顔絵入りバスタオルを買ってさ。そのとき馬場さんにサインしてもらったことがあるんだよ。

——売店でサインって、いまではどこの団体でもやっていますけど、馬場さんが先駆けですもんね。

鈴木　会場に入ってすぐ馬場さんの姿が目に入って。「馬場でけえー！」って思わず口に出したのを憶えてるよ（笑）。ただ、プロレスに入ってからは一度も会ったことはない。

——「プロレス大賞」の授賞式とかでも？

鈴木　ないね。俺が新日本の若手時代、プロレス大賞の会場に行ったときも、全日本と新日本は真っ二つに分かれてたし。2団体の人間しかいないのに会わないって凄くない？

——年に一度の機会なのに、ちっとも親交が深まらない（笑）。

鈴木　（ドン）荒川さんや永源（遙）さんが両団体を行き来して、ワイワイ始めるんだけどね。その後、猪木さんと天龍さんがイッキ飲みの勝負を始めて、収集がつかなくなったときがあったよ。

——けっこう有名な話ですよね。

鈴木　で、馬場さんとは会ってないけど、ジャンボ鶴田さんには声をかけてもらった。「キミ、鈴木くんだよね？」って。「ああ、俺のこと知ってるんだ」と思って。そのとき天龍さんとも初めて会ったんだよな。「おまえ、雑誌で見ると生意気そうだけど、実際に見たらホントに生意気そうだな」って言われて。

――デビュー1年目のド新人が、天龍さんに「生意気そうな若手」として認識されていたっていうのは光栄ですね（笑）。

鈴木　たしかあの人が3年連続でMVPを獲ったときだからね。「うっせーな」と思ったけど（笑）。ただ、その授賞式会場にも馬場さんは来ていなかったし、その後もついに会うことはなかった。

――その10年後くらいに馬場さんは亡くなってしまうわけですもんね。

鈴木　だからこの業界に入ってから「どんな人なんだろう？」っていう意識はあったけど、伝え聞くことしかないからわからないままで終わってたかな。それが巡り巡って、馬場さんが亡くなったあとの全日本に俺が出るようになって。三冠をめぐる試合やチャンピオン・カーニバルなんかがあったりしてね。

――鈴木さんが「プロレス大賞」MVPを獲ったのって、全日本に参戦して三冠王者になった年（2006年度）ですもんね。

鈴木　そんなこともあって『23回忌追善興行』も和田京平と木原のオヤジから連絡をもらって出ることになったんだけど。

――京平さんとは全日本時代、いろいろ因縁もありましたよね（笑）。

鈴木　初めて全日本のシリーズに出たとき、試合後に俺が巡業バスのうしろのほうに座ってたら、和田京平が鬼みたいな顔して俺の目の前に来て「てめえ、なんだあれは！　おまえなんかプロレスラーじゃねえんだよ！　馬場さんが生きてたらおまえなんかウチには絶対に上がれないんだからな！」って言われて、「うるせーな、てめえが呼んだんじゃねえだろ、この野郎！」って言い合いをしたのを憶えてるよ（笑）。

――元足立区の不良と元横浜の不良が（笑）。

鈴木　要は俺がロックアップをしなかったり、プロレスの基本になるムーブを一切やらないことに怒っててさ。

――ロックアップからヘッドロックして、メイヤーで投げて、ヘッドシザースで切り返すみたいな一連の流れを一切しなかったわけですね。

鈴木　そんなのべつにいいじゃんって。「何十年前の価値観で話してるんだよ」「じゃあ、抹殺しろよ」って感じだったね。

――そうやって京平さんが怒るくらい、全日本にとって異物であり、エイリアンだったわけですよね。

鈴木　でもそのときは武藤全日本なので、新日本のエキスも強かったんだよ。武藤がいて、小島聡がいたんで。だからあの当時、〝ジャイアント馬場の全日本〟を守っていたのは、ある意味で、和田京平であったり、渕正信であったり、ずっと残っていた人じゃないかな。俺は渕正信とも大喧嘩したことがあったから（笑）。

――そういう異なる価値観のぶつかり合いが、当時の全日本を活性化させたんでしょうね。

鈴木　それからしばらくして、「俺がいま三冠を持ってるから、これを機会に一度でいいから馬場元子さんに挨拶をしたい。そして、できれば馬場さんにお線香の一本でもあげたい」って本気で思って、和田京平を通じて元子さんに聞いてもらったんだよ。そうしたら元子さん、なんて言ってたと思う？

――なんでしょう（笑）。

鈴木　『会いたくないから来なくていい』って言ってた」って（笑）。

——見事なまでの門前払いで（笑）。

鈴木　ならそれでいいと思ったけどね。俺は全日本に出る前、ノアに出てたじゃん。当時言われてた新日本と全日本のプロレスの違い、猪木と馬場の違いっていうのを、最初に感じたのはノアだったんだよね。

——当時のノアは、馬場さんに直接教わった選手たちがたくさんいましたもんね。

鈴木　特にそれを感じたのは、小橋建太、秋山準、丸藤正道。俺が新日本の若手時代から教わってきた「隙あらばやっちまえ」というようなプロレスとはまったく違うものが存在していたんだよね。だから凄いカルチャーショックだったし、俺にとって、小橋、秋山、丸藤、この3人に出会えたことは凄くデカかった。

——小橋さん、秋山さんは、馬場さんから手取り足取りプロレスを教わった人だし、丸藤選手は最後の愛弟子ですし。

鈴木　俺は新日本で生まれて、UWF、藤原組、パンクラスを経て、またプロレスに戻ってきたレスラーだから、それまでよく言う「新日本は攻めのプロレスで、全日本は受けのプロレス」っていう意味がわからなかったんだよ。「受けってなんだよ？　やられるのかよ」って。その考えを変えてくれたのがノアに行ったときに会った、小橋、秋山、丸藤だったんだよ。

——「これが受けのプロレスか！」と。

鈴木　俺が知っているプロレスとはまったく違うプロレスだったんだよ。ただ、「受けのプロレス」っていう言葉はたぶん当てはまってない。「これ、猪木さんがやってたプロレスだ」と思ったんだよね。

——ほう！

鈴木　「ということは新日本にもあったんじゃん」って。

——新日本では、猪木さんしかやっていなかったんじゃないですか？

鈴木　やらせなかったのかもしれないね。

——だからこそ猪木さんが飛び抜けて目立っていたという。

鈴木　猪木さんの有名な言葉で、「5しかない相手の力を8、9まで引き上げて、10の力で勝つ」っていうのがあるでしょ？

——いわゆる「風車の理論」ですね。

鈴木　それをノアでやってたんですよ。「あれ!?　これ猪木じゃん！」って。だから全日本も新日本も元は1個なんだなって思った。それを強く感じたのが小橋、秋山、丸藤の3人。

——それこそが伝統的な本来のプロレスだったのかもしれないですね。

鈴木　俺はノアで感じたそのへんの要素を自分の中に取り入れながら、武藤全日本というアメリカンプロレスを全面に出したリングに行ったわけだけど、そこでもまたつながってたんだよね。あれは不思議だったな。

——武藤さんがアメリカから持ち帰ったものと、馬場さんから受け継がれたプロレスもまた相通じるものがあったと。

鈴木　結局、〝できる人〟はみんな一緒なんですよ。新日本も全日本もノアも同じだったね。できないヤツほどその違いに妙なこだわりを持って「俺はこれでいいんだ！」って意地を張って身につけないから二流なんだなって。そういうヤツ、いっぱいいるよ。

——鈴木さんの場合、それを取り込めたからこそ全日本でも新日本でも活躍できたし、海外からも引っ張りだこになったのかもしれないですね。

鈴木　だから『23回忌追善興行』に出たとき、「もし馬場さんが生きていて、俺のプロレスを見たらどんなことを言われたんだろう？」と思ったりもしたよ。まあ、どうせロクなこと言われないだろうから、会わなくていいや。そもそも元子さんに「会いたくないから来なくていい」って言われたぐらいだからな（笑）。

――でも小橋、秋山、丸藤という選手たちを通じて、〝馬場プロレス〟を知ることで、鈴木さんのプロレスラーとしての幅が一気に広がったのはたしかなわけですね。

鈴木　『23回忌追善興行』で、ジャイアント馬場vsスタン・ハンセン（1982年2月4日・東京体育館）の映像を流してたじゃん？　あれ、客入れ前にもリハーサルで流していたから俺もそれを観てたんだけどさ、ファン時代には気づかなかったことに気づいたんだよ。「あれ!?　ジャイアント馬場とアントニオ猪木って一緒だぞ」って。

――ほう！　それはどういった部分で？

鈴木　誌面に載るからあまり深くは言えないけど、「なんで違うものって認識してたのかな？」って思ったね。「やり方が違うだけで同じじゃん、これ」って。猪木は闘魂を全面に出す攻めのプロレスで、馬場は冷静沈着でひょうひょうとしているっていうのは植えつけられたイメージであって。ハンセン戦の映像で観たジャイアント馬場は、俺が子どもの頃に観てたアントニオ猪木に見えたし。逆に晩年のアントニオ猪木はジャイアント馬場に見えた。だから本当は一緒なんだって。

――アプローチが違っても根本は一緒だと。

鈴木　元を辿れば一緒で、じつは言ってることも一緒。言い方が違うだけでね。もちろん、違う人間だから違う部分もあるけど、馬場プロレスも猪木プロレスも根本にあるものは一緒だなということを、こないだ気づくことができたかな。きっと、いまだから気づけたんだろうね。これ、けっこうな大発見でしょ？

――そうですね。あの試合、相手が新日本から来たハンセンだったからこそ、馬場さんも猪木的な面を出したから、それがわかりやすかったんですかね。

鈴木　屁理屈好きのガンツに言わせるとそうなんだろうかもしれないけど（笑）。あの日の馬場さんの何がよかったかって、それは間違いなく顔ですよ。プロレスって東京ドームのようなデカいところでやったかと思えば、新木場みたいな小さいところでやったりもするけど、会場規模にかかわらず、お客さんがいちばん観ているのはレスラーの顔なんだよね。

――それは表情に惹きつけられるってことですか？

鈴木　違う。顔を観て判断してる。闘う両者がどういう関係なのか、どっちが優勢なのか、どんな状況に置かれているのか、すべて顔を見て判断している。だからあの試合VTRで観たジャイアント馬場から「これはアントニオ猪木と一緒だぞ」と思ったのはそこなんだよね。それ以上は言えない（笑）。

――猪木さんも馬場さんも、観客に向けてあらゆることを表情で表現していたってことですかね。

鈴木　まあ、あとはご自由に想像してもらえれば。でもジャイアント馬場さんの23回忌興行に俺が呼ばれて、そういうことを感じることができたっていうのは、誰がなんと言おうと導かれている気がする。たまたまかもしれないけど、それを感じ取れないヤツもいるわけだから。もっともっと俺はプロレスを追求していきたいね。

I'm Real One.

まずは強さありきの、あれこれ。

平田樹

ITSUKI HIRATA

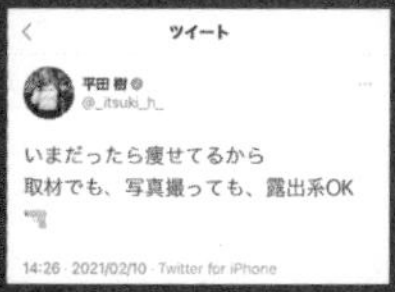

ツイート

平田 樹
@_itsuki_h_

いまだったら痩せてるから
取材でも、写真撮っても、露出系OK

14:26 · 2021/02/10 · Twitter for iPhone

試合直前の減量中だった平田樹のツイートを唯一間に受けた『KAMINOGE』が緊急グラビア撮影を敢行！！！

撮影：タイコウクニヨシ　ヘアメイク：madoka

21歳の乱暴娘！

ONE
Championship
Fairtex
Fairtex

ONE
Championship
Be proud of your life.

ONE
championship
fairtex

平田樹（ひらた・いつき）
1999年8月24日生まれ、東京都出身。総合格闘家。
小学1年生から講道館・春日柔道クラブで柔道を始め、小学5年生で全国大会3位入賞。創志学園柔道部時代はインターハイに出場し、同校卒業後の2018年より総合格闘技を始める。同年9月、ABEMAのリアリティ番組『格闘代理戦争』3rdシーズンに出演してトーナメント優勝。ONE Championshipのプロ契約を勝ち取る。2019年6月15日、上海で行われた『ONE Championship:Legendary Quest』でのアンジェリー・サバナル戦でプロデビューを果たし、1R2分59秒、アメリカーナで一本勝ち。同年10月13日にはリカ・イシゲから一本勝ち、2020年2月7日にもナイリン・クローリーをパウンドによるTKOで下し、日本人女子格闘家の至宝として今後のさらなる活躍が期待されている。

©井賀孝

ONE
Championship
Fairtex

HENTAIZADANKAI

玉袋筋太郎の変態座談会

TAMABUKURO SUJITARO

DEEP代表 佐伯繁

SHIGERU SAEKI

祝・DEEP旗揚げ20周年!
格闘技界の発展と拡大に大きく
貢献し続ける男のDEEPで
泣けて笑える道のりを語る!!

収録日：2021年1月30日　撮影：タイコウクニヨシ　写真提供：佐伯繁　構成：堀江ガンツ

［変態座談会出席者プロフィール］
玉袋筋太郎（1967年・東京都出身の53歳／お笑い芸人／全日本スナック連盟会長）
椎名基樹（1968年・静岡県出身の52歳／構成作家／本誌でコラム連載中）
堀江ガンツ（1973年・栃木県出身の47歳／プロレス・格闘技ライター／変態座談会主宰者）

［スペシャルゲスト］
佐伯繁（さえき・しげる）
1969年6月24日生まれ、富山県立山町出身。格闘技イベントDEEP・女子総合格闘技DEEP JEWELS代表。
高校卒業後、父親が設立した会社で配管工事などを手伝うが、まもなくしてパチスロに転身。その後スチールカメラマンの道に進み起業。カメラスタジオ運営や編集プロダクション、広告代理業務で名古屋を中心に大阪、福岡、熊本、札幌に支店を持ち100名以上の社員を雇用する会社に成長させる。2001年1月8日に総合格闘技DEEPを愛知県体育館で旗揚げ。DEEPだけでなく2003年2月からは田村潔司と組んで『プロレスリングU-STYLE』を始動。同年9月のPRIDE武士道シリーズ開始にあたりドリームステージエンターテインメントと業務提携を始め、「PRIDE武士道アシスタントディレクター」としてマッチメイクや選手派遣で活躍。PRIDE解散後はDREAMの広報を務め、2013年8月には女子総合格闘技DEEP JEWELSを旗揚げ。2014年の大晦日にはさいたまスーパーアリーナで『DEEP DREAM IMPACT 2014』を開催。現在もDEEP・DEEP JEWELSを主催して日本の格闘技界の発展と拡大に大きく貢献している。

KINGレイナ
ELS

「半年くらいパチプロをやってたんですよ。パチスロのある機種で〝小役抜き〟ができたから目を合わせると絶対に負けない」（佐伯）

ガンツ　玉さん！　今回の変態座談会はＤＥＥＰ旗揚げ20周年を迎えた、佐伯繁代表に登場していただきました！

玉袋　めでたいね～。佐伯さん、20周年おめでとうございます！

佐伯　ありがとうございます。

玉袋　20年続けるっていうのは大変なことですよ。

ガンツ　この業界、格闘技好きのお金持ちが趣味の延長でイベントを始めて、痛い目に遭うパターンが多い気がしますからね（笑）。

佐伯　まあ、痛い目には遭ったけどね（笑）。でも、それは自分のせいでもあるから。

椎名　ＤＥＥＰ初期は、採算度外視で佐伯さん自身が観たい夢のカードをたくさん実現させていましたもんね（笑）。

玉袋　それやると、だいたい2年くらいで丸焦げになるもんだけど、20年続けたっていうのが凄い。あと、佐伯さんは初めて会ったときから糖尿のイメージがあって、お金が続いても体調的に続けられねえんじゃないかっていう心配もあったから（笑）。

佐伯　でも、ちゃんと薬飲んでるからね。月に1回検査にも行ってるし。だから、みんな5年ぐらいで死ぬと思ってたでしょうけど、意外ともってるんですよ（笑）。

玉袋　それでうしろからグレート義太夫さんがまくって、先に人工透析に行っちゃったという（笑）。

佐伯　あと、心筋梗塞をやってる人ってけっこういるじゃないですか？

椎名　はい、ボクやりましたもん。

佐伯　ボクは意外となんともないんですよ。いまはＣＰＡＰという睡眠時無呼吸症候群を防ぐやつをやってるんで、それをやると脳梗塞はだいぶ避けられる。頭に酸素が回るんでね。あと月に1回、心電図とかいろいろやってますからね。

玉袋　佐伯さんが行ってる病院は、ＤＥＥＰ事務所の向かいにある春山外科（現・春山記念病院）じゃないですよね？

佐伯　春山外科は足を折ったときに行ったんですよ。

玉袋　俺も北新宿育ちで、家もすぐ近くだったからこのへん詳しいんですけど、昔、春山外科はとにかく歌舞伎町も近いから、一部では「新宿の野戦病院」って呼ばれてたからね！

椎名　龍が如く（笑）。

佐伯　それが綺麗になってからはまともなんですよ。

玉袋　あっ、そうなんですね。

佐伯　まあ、このへん一帯があまり治安のいい場所じゃないんだけどね（笑）。

玉袋　ちょっと、俺はここで育ってるんだから頼みますよ（笑）。

椎名　まさにＤＥＥＰな界隈ですね（笑）。

玉袋　ご近所トークになっちゃいましたけど、今日は佐伯さんの一代記を聞かせてもらいたいんですよ。

佐伯　まあ、いろんなことをしてきましたからね。

椎名　ちょっと調べただけでも、なんちゅう経歴だって思いましたよ。『全裸監督』と重なるものがある（笑）。

ガンツ　貧乏と大金持ちの落差が凄いんですよね。もともと佐伯さんは、富山県の裕福なご家庭の生まれなんですよね？

佐伯　ウチは富山の立山の近くで、親父が溶接の会社を経営していたんですよ。それで冬はスキー場でスキーレンタルとラーメン屋をやってて。まあ、裕福だったはずなんですよね。

玉袋　「はず」なんですか（笑）。

佐伯　裕福だった頃の記憶があんまりないんですよね。ボクが小学校に上がってまもなく、家族で愛知県に引っ越しちゃってるんで。

玉袋　それは夜逃げってことですか？

佐伯　まあ、そうなんでしょうね（笑）。で、その2年後くらいにお母さんが心筋梗塞で亡くなっちゃったんで。

玉袋　大変なことが立て続けに起きたわけですね。その夜逃げしなきゃいけなくなった原因は、事業の失敗なんですか？

佐伯　いや、親父のギャンブルの失敗ですね。競輪にハマッちゃって。

玉袋　富山競輪だ。ボク、いま競輪の番組をやってるんですよ。佐伯さんはあんまりいい印象ないかもしれないけど（笑）。

佐伯　でも親父は競輪で失敗しましたけど、最終的には兄貴が競輪選手になってますからね（笑）。

玉袋　えぇ～っ！　クラスはどれくらいまで行ったんですか？

佐伯　ずっとBです。それには原因があるんですよ。競輪学校の卒業レースで落車をしてデビューが遅れちゃったんです。

玉袋　そこがいちばん大事なのに（笑）。

佐伯　それでレースに出られないものだから、パチスロ屋に入り浸って。兄貴は腕をケガして自分じゃコインを入れられないから、俺がコインを入れる係で。そのままパチンコとパチスロにハマっちゃったんですよ。

玉袋　ギャンブルレーサーだよ（笑）。

ガンツ　だから佐伯さんって、一時期パチプロだったんですよね？

佐伯　ボクは半年くらいね。当時はパチスロのある機種で〝小役抜き〟ができたんですよ。目を合わせると絶対に負けない。それで高校卒業後は親父の会社に勤めてたんですけど、終わったらパチスロ屋ばかり行くようになってね（笑）。

「もともと佐山サトルさんのタイガーマスクが好きだったんで、本当にプロレスラーになりたいと思いましたね」（佐伯）

玉袋　お父さんはなんの会社をされていたんですか？

TDT
THE DICE TEAM
2019.6.9 SHINJUKU FACE

佐伯　ウチの親父は愛知県に引っ越してきたあと、溶接の配管工事で豊田市まで行って、トヨタ自動車の工場の中の配管を直してたんです。それでボクが高校を卒業したら独立して会社を起こすからってことで、ボクと同級生の友達と親父の3人で新しい会社を始めたんですよ。

玉袋　いいじゃないですか。

佐伯　だけど土日が忙しい仕事で、遊びにも行けないから嫌でしょうがなくてね。それでパチスロの調子がいいもんだから、ボクと友達は半年くらいで会社を辞めちゃったんですよ。親父ひとりが残っちゃった（笑）。

ガンツ　せっかく作ってくれた会社なのに（笑）。

佐伯　それで兄貴もほとんどパチンコ屋にいるし、競輪選手の友達も呼んできてたりしてたんで、道連れになったんですよ（笑）。

玉袋　変なところで〝ライン〟を組んじゃったと（笑）。

椎名　お父さんの会社はどうなったんですか？

佐伯　人手が足りなくてどうしようもないから、俺と兄貴が入り浸っていたパチスロ屋の店員を親父が引き抜いて、自分の会社に入れたんです。親父もパチンコ屋にいましたから。

玉袋　なんで引き抜き合戦をやってるんですか！（笑）。

ガンツ　しかも配管工事とパチンコという、まったく違う業種で（笑）。

佐伯　実際は引き抜いたパチンコ屋の店員もすぐ辞めたんですけどね（笑）。

玉袋　高校を出てパチプロをやってた頃、プロレス、格闘技はどうだったんですか？

佐伯　もともとプロレスは好きでした。佐山サトルさんのタイガーマスクが好きだったんで。

ガンツ　プロレスラーを目指してたこともあったんですよね？

佐伯　中学生の後半くらいには本当になりたいと思いましたね。だから中2くらいからプロテインを買って飲んで。あとは家に日武会のバーベルを買ってトレーニングしたりね。

玉袋　日武会！　当時、雑誌の裏表紙に載ってた通販の定番だよ（笑）。

佐伯　あと、あまり背が高くなかったんで身長が伸びるっていう器材とか薬とか（笑）。

玉袋　ウチの相棒と一緒だ、それ。牽引するやつ。

佐伯　だからプロレスラーになるために空手道場にも通ってたんですけど、結局バイクとかが好きだったんで、そっちの誘惑が多くて。

玉袋　グレてたんですか？

佐伯　グレてたっていうか、バイク好きでしたね。それで高校は頭がよくない学校だったんで。大同高校っていうところなんですけど、当時、愛知県でワルかった高校っていうと、よく中京とか享栄は聞くじゃないですか？　アイツらのほうが頭がいいんですよ（笑）。

玉袋　でも中京や享栄だって相当ワルいでしょ？

佐伯　そうなんだけど、ボクが中3のとき、担任の先生に「どこの高校に行きたい？」って聞かれて「中京高校に行きたいです」って言ったら、「おまえ、夢見るな」って言われたんですよ（笑）。

ガンツ　中京高校は松永光弘さんや齋藤彰俊選手が「愛知県じゅうのワルが集まる学校だった」と言ってましたけど、そこに入るのが夢でしかなかった（笑）。

佐伯　それで岐阜に中京商業っていう、橋本真也さんが通っていた高校があるんですけど、そこはもっとバカなんですよ（笑）。そこなら入れたんだけど、坊主にしなきゃいけないのが嫌で。だからせいぜい入れる可能性があるのは、大同高校とあとふたつくらいしかなかったんです。ボクは中学のときにあまりにも頭が悪すぎて、通知表がほぼオール1でしたから。

椎名　オール1はなかなかのエリートですね（笑）。

玉袋　逆に潔いよね。

佐伯　でも中2時点の成績じゃ、さすがに大同でも行けないいんです。だから中学卒業してすぐ働こうかなとも思ったんですけど、中学3年のときに『ふぞろいの林檎たち』を観て、「やっぱ俺は大学に行きたい！」と思っちゃってね。

ガンツ　キャンパスライフにあこがれて（笑）。

佐伯　だから「まずはなんとしても高校に行かなあかん」と（笑）。それでテスト前だけ勉強したんですよ。そうしたらオール2くらいまで行ったんで、それでやっと高校に行けたんですよ。

玉袋　オール2で行けたんだ（笑）。

佐伯　でも考えてみたら、自分が行った高校にはそれ以下のヤツしかいなかったんで（笑）。

椎名　高校では相対的に秀才になっちゃって（笑）。

佐伯　高校でも「試験前だけ勉強すればいい」と思ってやったら、クラスで2番なんですよ。「俺、こんなに頭がいいんだ!?」と思って。3年間それでやってたら大学の特別推薦みたいなのがあったんで、入れるかと思ったら落ちたんですよ。そうなると一般入試を受けるしかないんだけど、担任に「おまえ、一般入試だったら日本全国どこも受からないぞ」って言われて、それであきらめて就職したんですよ（笑）。

「プロレスラーに〇〇とメシを奢って仲良くなっていくって最高だね。団体からすれば太客だったわけだし」（玉袋）

玉袋　でもお父さんの会社もすぐに辞めて（笑）。

佐伯　それでパチプロをやってたんですけど、攻略法が通じるのは特定の台だけだったんで、その台がある店をクルマで時間

KAMINOGE vol.111

定期購読のご案内!

より早く、より便利に、そしてお得にみなさんのお手元に本書を届けるべく「定期購読」のお申し込みを受け付けております。

発売日より数日早く、税込送料無料でお安くお届けします。ぜひご利用ください。

●購読料は毎月1,120円（税込・送料無料）でお安くなっております。
●毎月5日前後予定の発売日よりも数日早くお届けします。
●お届けが途切れないよう自動継続システムになります。

お申し込み方法

※初回決済を25日までに、右のQRコードを読み込むか、「http://urx3.nu/WILK」にアクセスして決済してください。以後毎月自動決済を、初月に決済した日に繰り返し実行いたします。
【例】発売日が3/5の場合、決済締め切りは2/25になります。

※セキュリティ設定等によりメールが正しく届かないことがありますので、決済会社（@robotpayment.co.jp）からのメールが受信できるように設定をしてください。

※毎月25日に決済の確認が取れている方から順次発送させていただきます。（26日～28日出荷）

※カードのエラーなどにより、毎月25日までに決済確認の取れない月は発送されません。カード会社へご確認ください。

未配達、発送先変更などについて

※ホームページのお問い合わせより「タイトル」「お名前」「決済番号（決済時のメールに記載）」を明記の上、送信をお願いします。
返信はメールで差し上げておりますため、最新のメールアドレスをご登録いただきますようお願いします。

また、セキュリティ設定等によりメールが正しく届かないことがありますので、「@genbun-sha.co.jp」からのメールが受信できるように設定をしてください。

株式会社　玄文社

［本社］　〒108-0074　東京都港区高輪4-8-11-306
［事業所］東京都新宿区水道町2-15 新灯ビル3F
TEL 03-5206-4010　FAX03-5206-4011
http://genbun-sha.co.jp　info@genbun-sha.co.jp

をかけて回ってたんですけど、1年もたずに終わっちゃいましたね。

玉袋 そこからどうしたんですか?

佐伯 友達がカメラマンのスタジオアシスタントを始めたんで、俺もカメラマンになろうと思ったんですよ。「モデルの女の子にモテるし、いいな」と思ってね。それでまずアシスタントでスタジオに入ったんですけど、そこは毎日、陶器を撮ってたんですよ。

玉袋 ああ、カタログの写真だ。

佐伯 ボクが陶器を箱から出して、カメラマンの師匠がそれを撮るっていうのをずっとやってるんです。「なんかイメージと違うな~」と思ってね。

椎名 モデルが食えると思ったのに(笑)。

佐伯 師匠にも「これの何が楽しいんですか?」って聞いたら、「これでメシを食って好きな写真を撮るんだ」って。よくよく考えたら、そのほうが凄い儲かるんですよ。写真1点2000円として、1日に100枚くらい撮るんで。

玉袋 まずは食うために陶器を撮ると。

佐伯 ボクはそれを足がかりに、雑誌系カメラマンのスタジオに入って名古屋の情報誌とかの撮影をやるようになって。そんなときに○○誌に営業に行って撮らせてもらうようになったんですけど、そうしたら師匠に「おまえ、もう独立しろ」って言われて独立したんですね。22歳のときでした。

玉袋 若いなー。

佐伯 それで独立してからは、機材が少なくても済むような情報誌とか雑誌を中心とした仕事を受けてたんですよ。そういうときに地元の某○○ビデオメーカーから「パッケージとスチール写真を撮ってくれないか」っていう依頼があって。その撮影をやってるときに知り合いから「○○誌を始めるから○○の撮影をやってくれ」って言われたり、「次は○○の撮影だ」とか。

椎名 ○○系だと仕事がいっぱいあったんですね。

佐伯 それでお金を貯めてスタジオを借りて。あと撮影していた出版社のコピーライターが会社を辞めたんで、「俺と一緒にやろう」って誘ったんですよね。そうすると撮影を請け負うだけじゃなく、記事や広告とか誌面を全部自分たちでできるようになるんですよ。要するに出版代行ですね。

玉袋 90年代は、東京なんかだと『東京ウォーカー』『TOKYO一週間』とかいろんな情報誌がありましたけど、名古屋も景気よかったんでしょうね。

佐伯 ○○誌だけじゃなく、ファッション誌、情報誌、クルマの雑誌や旅行関係のドライブロケとかパンフレットとか、いろいろやりましたからね。またカメラマンって、どうしても編集者やプロデューサーに使われる立場で地位が低いんですけど、だったら人に使われるんじゃなくて自分たちで全部やっちゃおうと。それでデザイナーも入れて、広告代理店であり、写真スタジオであり、ライター・デザイナーの事務所であり、編集プロダクションでもあるという。

椎名　これまで別々に振られていた仕事を独占しちゃおうと。

佐伯　それで名古屋で成功したら、今度は大阪、福岡、札幌ってどんどん進出していって、最終的には社員も100人以上になりましたからね。

玉袋　すげえな～。パチプロからの成り上がり方がすげえ。

椎名　まさに『全裸監督』ですよね。やっぱり○○はカネになるんだなって（笑）。

佐伯　いまの人たちはネットがあるから雑誌を見ないかもしれないけど、一時期は1500ページの本ですからね。

玉袋　そうそう。当時のやつはホント分厚いのよ。俺ら浅草キッドはあの頃名古屋でレギュラーを持ってたから、毎週名古屋に行くたびにその中から選んでお店に行ってたもん（笑）。

佐伯　あまりにも分厚くなりすぎるんで、隔週刊の薄くて持ち運びの楽なものも発売しましたよ。月刊誌のほうは1500ページのうち1300ページぐらいが広告ですからね。

ガンツ　それはめちゃくちゃ儲かりますね。

佐伯　それでボクが手広くやってるときに自分の中でプロレス熱が戻ってきて、プロレスラーとも仲良くなっていったんですよ。

ガンツ　いわゆるタニマチだったんですよね？

佐伯　そうそう、タニマチっぽいことをやってたんで。だからその頃はみんな名古屋に来たら、ボクのところに「社長！」って来て（笑）。

玉袋　プロレスラーに○○とメシを奢って仲良くなっていくって最高だね（笑）。

佐伯　あとは営業の人が「チケットを買ってくれ」って来たりとか。

玉袋　じゃあ、団体からすれば太客だったわけですね。

佐伯　そうですね。だからあまり知らない人間が「噂を聞いて来ました」って来たりもしましたよ。

ガンツ　名古屋に太いタニマチがいるという噂を聞いて（笑）。

椎名　図々しいね（笑）。

佐伯　プロレスラーはみんな急に来るから、そうするとボクが有名な○○店に「いまからいいですか？」って電話して行って。当時みちのくプロレスにいた某選手なんか一時期、その店のTシャツを着て歩いてましたよ（笑）。

ガンツ　みちのくプロレスはやっぱりオープンなんですね。サスケイズムで（笑）。

玉袋　サスケ社長は大久保界隈では〝立ち技最強〟って言われてたからな（笑）。で、そうやってレスラーとも仲良くなっていって。あとは団体の人ともチケットを買ってくださいってことで仲が良くなっていったと。

佐伯 たとえば新日本プロレスだと、共同企画っていう名古屋を仕切っていたプロモーターがいて、そこの間に入ってる人から「チケットをまとめて買ってくれ」とか「スポンサーでいくら出してくれ」とかっていうのを聞いてたんで。新日本の愛知県体育館とかはいつも最前列に座ってたし、G1のパーティーなんかにも行ってましたよ。

「いろんな団体の興行を買っていくうちに自分で大きな興行をやりたくなった。それで愛知県体育館を押さえたんです」（佐伯）

椎名 それは佐伯さんがいくつのときですか？

佐伯 28歳くらいかな。

椎名 えーっ、マジですか⁉ 成功者ですね（笑）。

ガンツ 『マネーの虎』とかに出てきそうですよね（笑）。

佐伯 それでプロレスリング・ノアができたときも、三沢（光晴）さんが丸藤（正道）さんを連れて挨拶に来てくれて。

玉袋 「団体を旗揚げしたんで、これからよろしくお願いします」と。

佐伯 だからいまだに丸藤選手と会うと「どうもー！」ってなりますよ。あとは営業マンとも仲が良くなって、ノアの名古屋大会のポスターを作ってあげたりとか。あとはスペル・デルフィン選手と仲良くなって、デルフィン選手が大阪プロレスを立ち上げたときはパンフレットやポスターを作ってあげて。

玉袋 それは早坂好恵ちゃんと結婚する前ですか？

佐伯 前ですね。だから好恵ちゃんとの結婚式には行きましたよ。

玉袋 俺もそこにいましたよ（笑）。

佐伯 大阪プロレスの旗揚げ2戦目が名古屋だったんですけど、その興行はボクが買ったんです。

ガンツ そのへんから興行の世界に入っていくわけですね。

佐伯 そうですね。あとはマッチョ☆パンプ選手（ミステル・カカオ）と仲が良かったんで、彼のデビュー戦の興行を買ってあげたりとか。それとメキシコのCMLLの興行も買ったんだけど、四日市でやったらお客が90人しか入ってないんですよ。冗談じゃないと思って（笑）。まあ、カネ持ってたからいいんですけど。

ガンツ 完全に道楽ですね（笑）。

佐伯 で、そのうち今度はバトラーツもやるようになって。

ガンツ 島田裕二さんと出会っちゃったんですよね。

佐伯 そう。出会っちゃったんですよ（笑）。

玉袋 あー、それが運の尽きですね（笑）。

佐伯 彼が「ロード・ウォリアーズを呼ぶんで全国を回りましょう！」って言うんで、「じゃあ、買うよ！」っていうことで

VASCO
Kappa

俺と知り合いとふたりでシリーズを丸ごと買ったんですよ。ディファ有明が開幕で、次の日が浜松、そこから四日市、神戸に行って、岡山、九州、名古屋を回って。

玉袋　それはどうだったんですか？

佐伯　いざ開幕っていうときに、ホーク・ウォリアーが体調不良で出られないってことになって。「ロード・ウォリアーズ・ツアー」なのにアニマルひとりってわけにいかないから、アレクサンダー大塚選手にアレックス・ウォリアーとか、四代目タイガーマスク選手にタイガー・ウォリアーとかやらせて（笑）。

椎名　名前に「ウォリアー」をつけただけですね（笑）。

佐伯　そうしたら客が見事に入らない。俺はまだお金に余裕があったからよかったけど、一緒にやったプロモーターは怒ってましたよね。

椎名　俺だったらブチ切れてますね（笑）。

佐伯　それで最終戦が後楽園ホールで、そこはバトラーツの手打ちだったんですけど、そこだけ超満員なんですよ。

ガンツ　汚いですね〜（笑）。

佐伯　「これ、だましたな！」って（笑）。

玉袋　まさに死のロードだったというね（笑）。

ガンツ　でも島田さんとの関係は、その後も続くんですよね？

佐伯　そうですね。いろんな団体の興行を買っていくうちに、ボクも自分で大きな興行をやりたくなったんですよ。それで島田裕二さんに相談したら、髙田延彦vsカクタス・ジャックとか、ロード・ウォリアーズvsノーフィアー（髙山善廣＆大森隆男）が組めるっていうんで、最初の『ＷＲＥＳＴＬＥ－１』みたいないろいろなプロレスラーがごちゃ混ぜの大会をやろうってことになって、愛知県体育館を押さえたんです。

ガンツ　２０００年大晦日に大阪ドームでやった、第１回の『猪木ボンバイエ』をやろうとしたわけですね。

玉袋　サクちゃん（桜庭和志）とケンドー・カシンとかがやったやつか。

佐伯　ただ、その頃はもうＰＲＩＤＥも人気が出てきていたし、パンクラスとも仲良くなったんで、「総合格闘技の大会にしたほうがいいかな？」って気持ちに変わったんですね。

「1回目は赤字が3500万くらいだったかな？　あんまり気にしてなかったね。全然たいしたことない」（佐伯）

椎名　それでＤＥＥＰは総合格闘技イベントとして始まったんですか？

佐伯　そうです。大きな興行をやりたかっただけで、格闘技にそこまでのこだわりはなかったんですよ。本当はプロレスをやろうと思ってたし、間違ってたらお笑いのイベントをやってたかもわからない。

椎名　ボクはてっきり総合格闘技に夢を持って、ずっとやってるんだと思ってました（笑）。

佐伯　それは続けていくうちにですね。DEEPを始める前からプロレスは大好きでしたけど、ちょっとかじった柔術は3日で辞めてるし（笑）。

椎名　UFCでのホイス・グレイシーとかは？

佐伯　まったく興味なかったですね。

椎名　そうなんですか（笑）。

ガンツ　でも総合の大会をやろうと決めたのは、ホイラー・グレイシーが使えるからっていうのがあったんじゃないですか？

佐伯　それもたまたま、ボクの知り合いの柔術関係者がヒクソンとつながりがあって、「ホイラーが呼べる」っていう話があったんですね。

ガンツ　DEEPの旗揚げは2001年1月で、前年に桜庭さんが〝グレイシー・ハンター〟として大ブレイクした直後ですから、グレイシーを担いで総合格闘技イベントを立ち上げるには、ちょうどいいタイミングですよね。

佐伯　船木（誠勝）さんがヒクソンに負けて、「ヒクソンは次いつやるんだろう」っていう頃だったんで。ヒクソンが日本に来るっていうだけで注目されてましたからね。

玉袋　『コロシアム2000』のあとか～。

佐伯　だから格闘技の興行に関してはボクは右も左もわからなかったので、いろんな部分をパンクラスさんにお願いしたり、広告代理店なんかも入れてたんで、儲かってはいないですね。たとえば外国人選手を呼ぶにはビザが必要なので、そういうのはパンクラスに外注して。そうしたら5人呼んで、ビザ代行で〇〇〇万くらいの請求書が来たんですよ。のちのち自分たちでやるようになったら、ひとり1万円くらいしかかからないことがわかったんですけど（笑）。

椎名　パンクラスもやりますね～（笑）。

佐伯　それをあとで言ったら「労力の話ですから」って。5人で〇〇〇万って、どれだけの労力がかかってるのかって（笑）。

玉袋　普通、それだけぼったくられたら切るけど、佐伯さんはそれを切らないのが凄いね（笑）。

佐伯　まあ、そういうのを経験しながらひとつひとつ勉強して、自分たちだけでできるようになっていった感じですね。それにボクは選手を抱えてるわけじゃないから、ほかの団体から選手を貸してもらわなきゃいけなかったし。

ガンツ　いろんな意味で、初期DEEPはパンクラスなしでは成り立たなかったということですね。

佐伯　DEEPの第1回大会は、当時パンクラスを定期放送していたBS朝日がついてくれたんですよ。いま思えば、その頃の放映権料ってけっこう凄かったんで、そういう部分でも助けてもらいましたね。

ガンツ　DEEPの第1回大会は、お客はあまり入りませんでしたけど、凄く盛り上がって成功でしたよね。

佐伯　まずホイラーが出るというのでひとつ話題になって。その相手に大阪プロレスで活躍した村浜武洋選手を抜擢したんですけど、引き分けで大健闘してくれたんですよ。あとは美濃輪（育久＝ミノワマン）選手がヒカルド・リボーリオ選手といい試合して。

ガンツ　あれは美濃輪選手の出世試合ですよね。当時BTTの重鎮にして、ATTの創始者であるリボーリオ唯一の総合の試合で。

佐伯　だから外国人選手も含めて大物が多かったから、ホテルもヒルトンを押さえたんですよ。それがAランクで、Bランクの選手には大きい風呂がある別のホテルを用意したんですけど、そっちに泊まってるヤツが「俺もヒルトンにしてほしい」とか言い出すから、そっちに代えたりして。

ガンツ　そのへんはまだタニマチの延長的な感覚だったんですね（笑）。

佐伯　会見に来てくれたマスコミさんにお土産を渡したりとか、大会後はパーティーもやりましたね。打ち上げのパーティーとホテル代だけで500～600万使ったんですよ。

椎名　600万!?（笑）。

佐伯　パーティーが終わったあと、「○○嬢を呼んでくれ」っていうヤツもいましたからね（笑）。

玉袋　ひでーな、おい（笑）。じゃあ、収支は赤じゃないですか？

佐伯　1回目は赤字が3500万くらいだったかな？

玉袋　いきなり3500万の赤字だよ（笑）。まあ、それはあとから回収するものとしてやっていたわけですよね。

佐伯　赤字はあんまり気にしてなかったね。

椎名　社長、いくら持ってたんですか（笑）。

佐伯　まだその頃は会社をやってたんで、「まあ、法人税で持っていかれるよりはいいや」って感じで。だから全然たいしたことないですよ。

玉袋　フィールズの『猪木ボンバイエ』みたいなものですね（笑）。じゃあ、一発目で3500万の赤字が出ちゃったけど、本業もあるからってことで続けていこうと。

佐伯　自分ではそう思っていたんですけど、旗揚げ戦の3カ月後に『アブダビ・コンバット』に行ってるときに日本の仕事でトラブルが起きて。自分が会社を辞めて格闘技興行に専念するのか、格闘技を辞めて会社に集中するか、どっちかを選択しなきゃいけないっていう状況になったんですよ。

「DEEPなくして、日本の総合の地盤は築けなかったと思いますよ。伝説の試合がいくつもあるし」（椎名）

椎名　本業の税金対策みたいな感じではできなくなったと。

玉袋　でも、それは究極の選択ですよね。生活のことを考えれば、もちろん本業を続けたほうがいいんだろうけど。

佐伯　そんなときに会社を辞めたら、いろいろと自由になれる気がしたんですよね。それで「好きなことをして生きようかな」と思って。ほかにもファミコンショップを3軒や焼肉屋、スポーツバーもやっていたんですけど、それも売って。それで社員3人くらいで新たに会社を作って、格闘技興行を本格的にやっていくことにしたんですよ。

玉袋　会社やお店を売って、手元にはけっこうお金が残ってたんですか?

佐伯　その頃は○億円以上の預金があったし、前の会社からのスポンサードの話もいただいてたんで、「大丈夫かな」と思って辞めたんですね。だからDEEPの旗揚げ戦まではすべての興行を会社のお金でやってたんですけど、第2回の横浜文体（2001年8月19日）からは自分のお金になっちゃうんで。そこから興行をやって、6回目の有明コロシアム大会（2002年9月7日）が終わったときには、○億以上なくなってましたね。

玉袋　たった1年で○億が溶けちゃたんですか!?

佐伯　それで12回目の大田区体育館（2003年9月15日）が終わった頃には○億を超えてましたから。

ガンツ　○億円あった預金が、2年でゼロどころかマイナスですか……。やっぱり興行は恐ろしいですね。

佐伯　もう預金がないし、仕方がないから乗ってないクルマのローンを組んで現金にしましたからね。時計も売ったし、売れるものは全部売って。

玉袋　裸一貫じゃないですか!

佐伯　マッハ選手（桜井マッハ速人）が初めて出た頃（2003年3月4日・後楽園ホール）にはもうそんな状況になってきて。「もうダメかな」っていうときに最後のあがきで大田区をやって失敗して。その前くらいに山口日昇さんと田村（潔司）さんから「PRIDEといい関係でやったらどうなの?」っていうお話があって。それでPRIDEの加藤（浩之）専務と会って、「PRIDE武士道を立ち上げるから、一緒にやってくれないか」っていうので、そこから武士道が始まったんですね。

玉袋　そこに山口日昇が関わっていたとはね（笑）。

ガンツ　だからPRIDE武士道って、後半は五味隆典を中心にした中軽量級に特化した大会になりましたけど、当初は初期DEEP的なコンセプトで始まったんですよね。PRIDEの本戦ではできないような、バラエティに富んだカードを組むっていう。

佐伯　そうそう。だから武士道の第1回目はドス・カラスJr.とミルコ（・クロコップ）がやったんですよ。

玉袋　ルチャ勢の総合参戦といえばDEEPだもんな。あの頃の武士道はたしかにDEEP色が出てた。

佐伯　なので、そこからはPRIDEさんの仕事を手伝って報酬もいただきながら、DEEPの方向性としては、無理せず後楽園規模で黒字にしていくようにしたんですよ。「俺はナンバーワンじゃないんだ」と。「ナンバー3、ナンバー4でサポートに徹しよう」とそのときに思いましたね。なので実際に13回目以降は後楽園をベースでやってきました。

玉袋　そうやって、後楽園規模で黒字にしながら根づかせていったわけですね。

椎名　DEEPなくして、日本の総合の地盤は築けなかったと思いますよ。

佐伯　ボク自身、もう大きな夢を抱かなくなりましたね。「自分で大きい大会をやらなくても、PRIDE武士道があれば」と。

ガンツ　武士道でやってるんだから、DEEPでリスクを背負ってやる必要はないだろうと。

佐伯　そこで張り合うのもおかしいし。いまもそうですけど、榊原（信行）さんがやってることは、規模と世界観が違うんですよ。榊原さんはテレビ局の出身じゃないですか。PRIDEやいまのRIZINもそうですけど、ボクらにはわからない世界でいろんなものが動いているんで。

椎名　でも田村vs美濃輪とか、ボクの中ではDEEPには伝説の試合がいくつもありますね。

佐伯　だからDEEPを20年やってますけど、あの試合があった有明コロシアムに勝る大会はないんですよ。田村vs美濃輪がいちばんなんです。

ガンツ　特に田村さんとの交渉は大変でしょうね（笑）。

佐伯　いろいろと大変でした（笑）。それを実現させたのを始め、ホジェリオ・ノゲイラvs髙阪剛をやったりとか、やれることは全部やりましたから。

椎名　凄い大会でしたよね。

佐伯　でも運悪く、同じ頃に『Dynamite!』（2002年8月28日・国立競技場）や『UFO LEGEND』（2002年8月8日・東京ドーム）もあったという。

椎名　調べなかったんですか？（笑）。

佐伯　いや、あとから知ったんですよ。ボクらはもう押さえてるから。

ガンツ　すべてを賭けた過去最大のビッグマッチが、国立競技場と東京ドームとかち合うって、ありえないタイミングですね（笑）。

椎名　ボクらは大ファンだから、夢のカードが次々と観られて「超うれしい！」っていう感じだったけど（笑）。

佐伯　ボクも『LEGEND』を実際に観たら、おもしろかったけどね。

玉袋　マット・ガファリを観てね（笑）。

「田村さんにどんな大変な思いをさせられても、試合が素晴らしすぎて帳消しにされてしまうという（笑）」（ガンツ）

ガンツ　でも田村vs美濃輪戦の有明コロシアムにかぎらず、初期DEEPの大会はどれも記憶に残る大会ばかりで、凄く思い出深いですね。

佐伯　だから20周年ってことで、ほかの媒体でも過去を振り返るようなインタビューを受けたんだけど、思い出すのは前半の頃ばっかなんですよ。

玉袋　やっぱそうなんだよな。最初の頃のほうが「DEEPっぽい」って感じだったよね。

ガンツ　だってMMAの試合にルチャドールを大挙として呼ぶなんて発想は、世界中探してもDEEPだけですからね（笑）。

椎名　ルチャは全部おもしろかったよね。鈴木みのるがソラールに金的蹴られたりとか（笑）。

佐伯　もともとあれは鈴木みのるvs田村潔司をやる予定だったんですけど、それが崩れてあのカードになったんですよ。

椎名　そうだったんだ!?

ガンツ　鈴木みのるvs田村潔司のために、本当は両国国技館を押さえてたんですよね？

佐伯　そうなんですよ。ところが田村さんが「やらない」って言ってきたんですよ。

椎名　なんでそうなんですかね（笑）。

玉袋　それが田村潔司なんだろうけど。佐伯さんはそこまでされても、なんで田村さんといい付き合いができるんですか？（笑）。

佐伯　慣れましたよ。一度「やらない」って言い出すと、こっちが土下座しても無理なんですよ。

椎名　やっぱり赤いパンツの頑固者なんですね（笑）。

佐伯　その後、田村さんとはU-STYLEっていう、U系のプロレス興行を一緒に立ち上げてやったんですけど、そこでもやっぱりこだわりが強かったですね。

玉袋　普通だったら、そういう人間とは付き合いきれないって思っちゃいそうなもんだけど、そこが佐伯さんの懐の深さなんだろうな。

佐伯　U-STYLEの興行を何回かやって、やめたときには

一時疎遠になりましたよ（笑）。

ガンツ　修羅場がありましたか（笑）。

佐伯　だからその後、瀧本誠戦（２００５年12月31日・さいたまスーパーアリーナ）の前に、『U－STYLE Axis』っていう興行（２００５年11月23日・有明コロシアム）をやるっていう約束で、山口さんが何度も田村さんのところに行って「なんとかこれで収めてくれよ」ってことでU－STYLEの一夜限りの復活があったんですよ（笑）。

玉袋　そうだ。あった、あった！　PRIDEの全盛期になぜかU－STYLEをやってるというね（笑）。

佐伯　田村vsジョシュ・バーネットとか、川田利明vsイリューヒン・ミーシャなんかを組んで。あれは裏でドリームステージ（DSE＝PRIDE主催会社）がお金を出してやったんですよ。

ガンツ　『U－STYLE Axis』は、大晦日に田村vs桜庭を組むためのDSEの田村さん懐柔策でもあったんですよね。でも当の田村さんは「U－STYLEの興行をDSEが〝やってあげた〟と思ってるんだったらお門違い！」っていうコメントを残して、とりつく島がなかったという（笑）。

玉袋　佐伯さんはこの20年間でいろんな選手と触れ合ってきたじゃないですか。その中で選手が変わっていく姿なんかも見てきたんじゃないですか？　良く変わる選手もいれば、そうじゃない選手もいたり。

佐伯 いい意味で言うと、PRIDE武士道で五味選手なんてスーパースターになっちゃったから。それに青木真也選手は格闘技界で絶対的な存在になりましたね。しかし、いろんな点で考えるとやっぱり田村潔司選手がいちばん印象的でしたね（笑）。

玉袋 やっぱりそうなんだな～。なんとなくそうだとは思ってましたけど（笑）。

佐伯 田村さんとは何度も一緒にメシを食いに行きましたし、旅行だって何回行ったかわからないですよ。

ガンツ もちろん、すべての費用は佐伯さん持ちですよね（笑）。

佐伯 「これだけ誠心誠意接してるのに、なんでわかってくれないんだ」って思ってつらくなることもありましたけど。U－STYLEを立ち上げて、田村さんのU系の試合をする姿を観たら「これはすげーな。天才だな、カッコいい」と。

ガンツ どんなに大変な思いをさせられても、試合が素晴らしすぎて帳消しにされてしまうという（笑）。

佐伯 それまで腹が立ったことがあっても、試合を観ると「すげーわ！」って思わされちゃうんだよね。試合が終わったら、またいろいろあるんだけど（笑）。

ガンツ なんか猪木さんと一緒ですね。新間（寿）さんがよく、「私は猪木寛至の悪口は言うけど、アントニオ猪木が世界一のプロレスラーであることに変わりはない」とか言ってますけど。「田村潔司」と「田村潔」もそんな感じで（笑）。

佐伯 なんか急に機嫌が悪くなったりしますからね。あまり原因がわかんないんですよ。

「やっぱり大晦日にさいたまでやる経験なんてできない。でも達成感や感動は有コロの大会には勝てないんですよ」（佐伯）

ガンツ わかります。ボクも以前、田村さんに絶縁されかかったことがありますから（笑）。

玉袋 おう、どうしたんだよ？（笑）。

ガンツ 17年ぐらい前、田村さんのインタビューをしたあとの雑談で、「ガンツもちゃんと運動とかしないとダメだよ」って言われたんですよ。そのときに「いや、じつは最近、髙阪さんがオープンしたジムに入会したんですよ」って言ったら顔色がガラッと変わって、「へえー、よく俺の前でそういうことを言うね。これ、取材前に言われてたら取材受けなかったよ」って言われて（笑）。

玉袋 地雷を踏んだわけだ（笑）。

ガンツ 「いやいや！　髙阪さんのジムは会社から近いから入っただけで、田村さんのジムは登戸じゃないですか！」って言っても、そこからは話してもらえませんでしたからね（笑）。

佐伯 ボクが以前、仕事の話をしに行ったとき、田村さんの機嫌が悪いから「田村さん、なんかありました？」って聞いたら、

「こないだ○○に行ったとき、○○だったじゃん」って。

椎名　それでですか⁉（笑）。

佐伯　「じゃあ、それを言ってくださいよ。わかんないですよ！」って。そんなことで機嫌が悪くなったこともありました。（笑）。そんなこともあったけど、いま思えば楽しかった頃だし、結局、自分が田村潔司という選手のいちばんのファンで大好きだったんですけどね。

ガンツ　ただ、どこに地雷が埋まってるのかがわかんないんですよね（笑）。

玉袋　レスラーとしては孤高の天才だっつーのはわかるんだけど、不思議な人だよな～。

ガンツ　自分の気持ちひとつで、両国国技館大会を吹っ飛ばしちゃうわけですからね。

佐伯　あのときは「世の中ってうまくいかないんだ……」って凄い落ち込みましたよ（笑）。どんなに土下座をしようが何をしようが無理なことがあるんだって。

玉袋　動かねえもんは動かねえと。

ガンツ　あのとき、鈴木さんはケガもあってパンクラスで勝てなくなって、引退しようとしていたんですよね。だから最後の相手として田村潔司とやろうとしていて。

椎名　それ、いいじゃん！

ガンツ　でも田村さんは先輩のそんな純な想いを知ってか知らずか、反故にできるところが凄いですよね（笑）。

玉袋　新間さんが「闘魂とは、人の誠意を踏みにじる覚悟」って言ってたけど、田村流の猪木イズムだな（笑）。

ガンツ　でも田村戦が流れたからこそ、〝最後の試合〟として獣神サンダー・ライガー戦をやって。それがきっかけでプロレス復帰を決めたんで、結果的に田村さんのドタキャンが今日の鈴木みのるを生んだとも言えるんですけどね。

椎名　ドタキャンが結果的に人の役に立つこともあるんだ（笑）。

玉袋　まあ、佐伯さんにとったら、たまったもんじゃないだろうけどね（笑）。

佐伯　まあ、両国はできなかったけど、その後、有明コロシアムでできたし。あとは大晦日にさいたまスーパーアリーナでもやりましたしね。

ガンツ　ちょうどＤＲＥＡＭが終わって、さいたまでの大晦日格闘技イベントが途切れそうなときにやったんですよね。一度でも手放したら、ほかのイベントに取られて、二度と大晦日にさいたまで格闘技イベントができなくなるっていうことで。

佐伯　２０１３年にＤＲＥＡＭが消えて、その年の大晦日は何もやらなかったんですよ。

ガンツ　たしかお金だけ払ったたって聞きました。

佐伯　いままでの長い付き合いがあったから、その年は大丈夫だったんだけど、次の年、本当はいまのＲＩＺＩＮが立ち上がる予定だったのが間に合わないってことになって、「年末にやらないか?」って言われたんですよ。「えっ?」っていう話なんですけど（笑）。

ガンツ　全然、大晦日用のカードは用意してないし、それなのに興行のリスクは佐伯さんが背負わなきゃいけないという（笑）。

佐伯　でも、そこでやらないとどっかに渡さなきゃいけなくなると。やっぱり大晦日でさいたまスーパーアリーナっていうのはコンサートとかどこもほしいわけだから。それで9月くらいに「じゃあ、やりますわ」ってなったんですよ。

玉袋　そこで男気を見せるところが佐伯さんだよな〜。収支はどうだったんですか?

佐伯　最終的にはなんとか少しの赤字で済みましたね。やっぱり大晦日にさいたまでやる経験なんてできないじゃないですか。ほかの日ならお金を払えば誰でも借りられますけど、大晦日に借りるのは無理なんで。

ガンツ　そう考えれば、なかなかできない経験をさせてもらったと。

佐伯　だから大晦日に聖地でやるっていうのでプレッシャーもあったけど、やってよかったですよ。ただ、達成感や感動という意味でいうと、大晦日にさいたまでやっても、やっぱり有コロの大会には勝てないんですよね。

玉袋　あのときと比べたら、そうでもねえと。

佐伯　たぶん、有コロの大会への想い、いや、田村さんへの想いが強すぎたんでしょう。それは別として自分の中では、大晦日にさいたまをやっちゃったんで、次の目標がないんですよ。たとえ東京ドームでやったとしても、お客が入るかどうかはともかく、お金さえ払えばできることではあるんで。「大晦日のさいたま」が格闘技としては最大なんじゃないですか。

「いろんな人たちとずっと関わりながらDEEPを20年続けてきた佐伯さんがやっぱりすげえ。これからも期待しています!」（玉袋）

ガンツ　では、最後に佐伯さんが選ぶDEEP20年間のベストバウトを教えてもらってもいいですか。

佐伯　いちばん思い出に残ってるのは田村vs美濃輪だけど、ベストバウトはやっぱり、エル・カネックvs大刀光ですね!

玉袋　いいね〜、ルチャvs相撲!　これぞDEEPじゃなきゃできないカードだよ（笑）。

椎名　DEEPしかやらないし（笑）。

ガンツ　しかも、当時49歳のカネックが勝っちゃったという（笑）。

佐伯　大刀光さんがスリーパーをやったら、カネックが「レフェリー、チョーク、チョーク!」ってアピールしましたからね。チョークありだっつーの！（笑）。

玉袋　ガハハハハ！　それでカネックが勝っちゃうんだもんな～。

佐伯　だから、あの試合のあとに島田さんからカネックにオファーがありましたからね。「ＰＲＩＤＥに出したい」って（笑）。

ガンツ　いいかげんな時代でしたね（笑）。

佐伯　だってアレクvs菊田早苗のときにセコンドでＰＲＩＤＥの会場にマスクマンが来たでしょ。ソラールとかウルトラマンとか。

ガンツ　あのときでしたか。パンクラスへの嫌がらせでルチャ軍団を揃えるっていう（笑）。

椎名　でも、あの人たちは凄かったよね。

ガンツ　ハートが強かったですよね。

椎名　乱闘になったら相手のセコンドの眼鏡を親指でバチーンと割ってさ。「こええ～～！」って思ったよ（笑）。

ガンツ　ホントのケンカを知ってる人たちでしたよね（笑）。

佐伯　「勝ちゃ、なんでもいいんだ」っていう気持ちが見えてましたよね。

玉袋　〝競技〟だとは思ってねえんだろうな。

佐伯　ルチャの選手ってパンクラスとの対抗戦でも、ドス・カラスJr.が謙吾を投げて勝った以外、誰も勝ってないんですよ。それなのにやられている印象がないんですよね。

ガンツ　ソラールが鈴木さんの金的を蹴って反則負けになったとき、ドス・カラスの親父と一緒に堂々と勝ちをアピールしてましたからね。それでパンクラス勢と乱闘になって（笑）。

佐伯　あとは拳銃の弾を避けたヤツとかも来ましたから。

ガンツ　カト・クン・リーですね（笑）。ほかには辰吉丈一郎に勝ったビクトル・ラバナレスも出ましたよね。

玉袋　ラバナレスも来てたか。

佐伯　あのとき、どっかのスポーツ新聞記者が辰吉さんにコメントを取りに行って、「あっち行け！」って言われたらしいですよ（笑）。

玉袋　そりゃ門前払いだよ（笑）。

ガンツ　ラバナレスは、ルチャと同じルートで呼んだんですよね？

佐伯　そうそう。同じメキシコだからルチャルート（笑）。ラバナレスは山奥からリュックサック1個で来て、何も持ってこなかったんですよ。

椎名　ロベルト・デュランが船木誠勝とやったときと同じように、よくわからず来ちゃったんでしょうね（笑）。

佐伯　間に入ったメキシコの方がお金を抜きたくてしょうがないみたいな（笑）。それで「慣れてないオープンフィンガーグローブと、慣れてるボクシンググローブ、どっちでやる？」って聞いたら、「慣れてるボクシンググローブのほうが

いい」って言って。

ガンツ　総合なのにボクシンググローブで出て（笑）。

佐伯　何も理解してなかったんですよね。試合も村浜選手に寝技ですぐやられちゃって。

ガンツ　元ボクシング世界王者vs元K－1&SB王者の試合なのに、打撃戦がまったくなかったという（笑）。

佐伯　そんなのがあったね。あとは中野龍雄（現・巽耀）さんも出てましたからね。あの人も田村さんとは違う大変さがありましたけど、あの時代の人はみんな味がありますよ。

玉袋　いや～、そういう人たちとずっと関わりながらDEEPを20年続けてきた佐伯さんがやっぱりすげえ。

椎名　私財を投げうって、世界中でもっともユニークなMMAイベントをこれだけ長くやってきたわけですからね。

佐伯　お金より、好きなことを続けてこられたんだから幸せですよ。

玉袋　では佐伯さん、体調だけは気をつけて。これからも期待しています！

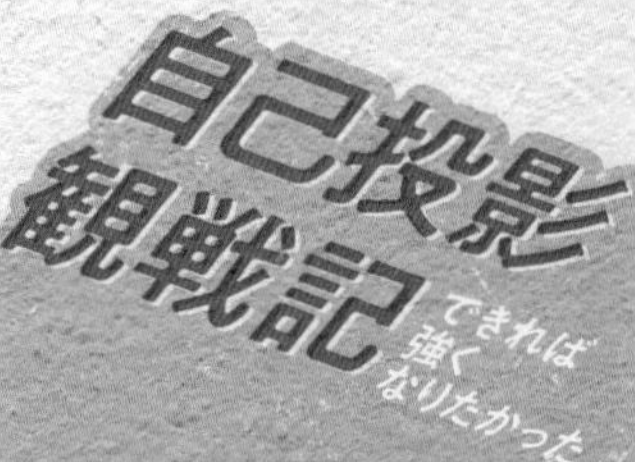

第108回 貴闘力チャンネルが凄い

椎名基樹

椎名基樹（しいな・もとき）1968年4月11日生まれ。放送作家。コラムニスト。

玉ちゃん（玉袋筋太郎）が、元関脇・貴闘力のYouTubeチャンネルがおもしろいと教えてくれた。さっそく観てみると、予想以上に突っ込んだ内容で驚く。大相撲界の裏側を大胆に暴露している。

過去に大相撲の暴露本を描いた人物が謎の死を遂げている。それを思うと貴闘力はかなり大胆だ。貴闘力本人も自分が消されないためにも、なるべく多くの人に動画を観てほしいと訴えている。

また貴闘力の3人の息子は現役の力士である。彼らに不利になることを知りながら動画配信を行う貴闘力の相撲界改善の意志と、現在の相撲協会への私怨の強さは、相当なものである。

貴闘力には思い出がある。変態座談会で藤原敏男にインタビュー後、会長行きつけの店に飲みに連れて行っていただいた。店につくとすぐに会長が「佐山サトルを呼ぼう」と言った。私たちは「ちょっと待ってください」と叫んだが時既に遅く、会長はもう携帯電話を耳にあてていた。

私たちが躊躇した理由は、佐山サトルが恐ろしかったからだ（笑）。佐山のブチ切れ伝説をたびたび耳にしていた。そしてその地雷がどこにあるか非常にわかりにくいとも。もちろん私にとって佐山サトルは、アントニオ猪木と並ぶプロレス界最高峰のカリスマであり、会いたい気持ちは非常に強く、ましてや一緒に卓を囲むことができるなんて大変光栄に思った。しかし、だからこそ佐山が来るとなったら緊張する。怒らせたら、あの伝説のシューティングの合宿の二の舞になってしまうのではないか。「それがおまえの全力か!?」「ナメているのか!?」と怒鳴られながら、竹刀が折れるほど殴られたらどうしよう。

かくして佐山は現れた。そこに一緒に連れ立って来たのが貴闘力であった。藤原敏男、佐山サトル、貴闘力の3人が当時頻繁につるんでいることは知っていた。こんな情報を提供するのは『kamipro』か東スポしか考えられないので、そのへんの報道を見ていたんだと思う。

話が貴闘力から逸れてしまうが、この夜の佐山には驚かされた。私たちが驚いたのはそのトーク力である。記憶が薄れてしまってディテールは思い出せないことと、文章力の拙なさで、あの凄さを誌面に再現できないところが歯がゆい。それほど佐山の話しぶりはインパクトがあった。宴のあと、玉ちゃんと「佐山さんのトーク力、凄かったなぁ」と確認しあったのを憶えている。

まるでスタンダップコメディーだった。

たしか藤原敏男が恐妻家であるという内容だったと思う、その日の演目は（笑）。ただ話すだけではなく、フリがありオチがあり、自分で自分の話に突っ込み、それはまさに話芸であった。その完成度に驚くとともに、席につくやいなや、ハイテンションでトークを披露する、サービス精神と独特のコミュニケーションの仕方にただただ驚いた。

プロレスや格闘技だけでなく、あらゆる面で才気を張らせる佐山を見て、彼が小さなきっかけで爆発してしまう内面の緊張感を持っていることが妙に納得できた。天才は苦しいのかもしれない。他人より一度に多くの情報をキャッチできるがゆえに、内面は時に混乱をきたしてしまう、そんな印象を受けた。

貴闘力はそんな佐山の様子を、ずっと黙ってにこやかに見つめていた。彼が何か話した記憶はない。非常に控えめな人だった。それは貴闘力チャンネルにおける、彼の話しぶりそのままだ。貴闘力の話し方は静かで、それは内向的という印象すら受ける。闘志を前面に出した、暴れん坊と言われた力士のイメージからはかけ離れている。

貴闘力の父親は兵庫のヤクザで、彼曰く「日本でいちばん最初に野球賭博を始めた人物」であるそうだ。のちに貴闘力は野球賭博により角界を追放されてしまう。因果である。

父親の身体には大きな刺青が入っていて、貴闘力はクラスメイトから「人殺しの子ども！」とはやし立てられたという。そうした経験が、貴闘力に闘志漲る一面と、内向的な一面という二面性を与えたのかもしれない。

貴闘力の動画による告発は、元相撲協会の理事である尾車親方が、謀略をもってして、権力闘争に勝利したことを明らかにする。２００８年から２０１０年に起きた、世間を騒がした相撲スキャンダルには、相撲協会内部の権力闘争が関係していると貴闘力は主張する。

２００８年の力士の大麻使用問題は、ロシア人力士の大麻使用を利用して、北の湖理事長と大鵬を追い落としたと言う。この大麻事件によって押収された携帯電話により、相撲の八百長発覚につながった。

２０１０年の野球賭博事件は、貴闘力と琴光喜を相撲界から追放するのに利用されたという。両者は２０１０年に貴乃花が、協会の秩序を破って強引に理事選に立候補し当選したいわゆる「貴の乱」で、貴乃花に投票したから排除されたと、貴闘力は主張する。貴闘力が言うには、協会側がこの一件を週刊誌にリークしたらしい。

貴闘力チャンネルを観て、この30年余りの相撲界は、北の湖、千代の富士、貴乃花、朝青龍、白鵬と相撲史に残る不世出の横綱が続いていることにあらためて気づかされた。引退後も現役の番付が影響する、相撲協会において権力を握るためには謀略なしでは不可能だろう。

まぁ、私が感想をここで語るよりも、まずはぜひ貴闘力チャンネルを観てほしい。特に2代目若乃花の元間垣親方が出演する動画は必見。貴闘力が消されないためにもぜひぜひ視聴してほしい。

KAMINOGE COLUMN

［総合格闘家］

村田夏南子

「RIZINがいくら盛り上がっていても、
UFC王者になるという夢は
ブレなかったです。
その世界最強への勝負をやるとしたら
ここから2～3年以内だと思う。
それでいけそうっていうか、いくしかない」

時はきた！ 日本人初のUFC王者誕生に期待がかかりまくる!!

KAMINOGE THE TIME HAS COME

収録日：2021年2月10日　撮影：保高幸子　試合写真：© UFC | Zuffa LLC　聞き手：井上崇宏

「中井りんさんに負けるまでは天狗になっていたというか、『全然いけるんじゃないか』っていうのがあった」

――村田さんにインタビューするのは初めてなんですけど、UFCのチャンピオンになったら急に来やがったって思われるのも気まずいなと思って、そうなるちょっと手前で会いに来ました（笑）。

村田　あ、いえ、よろしくお願いします（笑）。

――日本の女子格闘技の系譜だと、パイオニア的な存在で藤井恵さんがいらして、藤井さんはいまほどジョシカクにスポットが当たっていない時代に活躍されていて、そしていまは浜崎朱加選手ですよね。その浜崎さんも一時はＩｎｖｉｃｔａＦＣ王者からのステップアップとしてＵＦＣ参戦を目指していたんだけど叶わなかったと。そしていま、それを村田さんが実現している状況かなと思うんですけど。

村田　いや、私の場合はタイミングも運もよかったというか、Ｉｎｖｉｃｔａも最初は「3戦して3回勝ったらタイトルマッチ」っていう話だったんですよ。そうしたら1戦目をしたあとにそのときのストロー級のチャンピオン（ブリアナ・ヴァン・ビューレン）がベルトを返上してＵＦＣに行ったから、「次がタイトルマッチになります」って話が来て。そこで運よく勝てて、ＵＦＣからもオファーが来てっていう感じですね。

――Ｉｎｖｉｃｔａの王者になったからＵＦＣからオファーが来た感じですか？

村田　Ｉｎｖｉｃｔａで1戦したときにもオファーは来ていたっぽいんですけど、「Ｉｎｖｉｃｔａのベルトを獲るのが先だと思います」っていうようなことをコーチとも話して、ベルトを獲ってからＵＦＣに行こうっていう。

――ベルトを獲る前から声がかかっていたっていうのは凄いですね。

村田　私自身はそのことをあとから聞いて知ったんですけど。

――いま日本国内では、ＲＩＺＩＮをはじめとしてジョシカクが盛り上がっていますけど、それについてはどう思っています？

村田　ジョシカクの盛り上がりの始まりっていうのは、やっぱりＲＥＮＡさんがＲＩＺＩＮに登場してからだったんじゃないかなって。ただ、私が総合格闘技を始めたきっかけはＵＦＣで闘っているロンダ・ラウジーを観てっていうのがあったんで、自分もそこに行ってチャンピオンになりたいっていうのが最初からずっとあったので。

――途中、その目標はまったくブレなかったですか？

村田　ブレなかったです。ただ、デビューして、中井りんさんとやって負けるまでは天狗になっていたというか、「全然いけるんじゃないか」っていうのがあったとは思いますね。

——でも、あの中井戦はひとつ上の階級でしたけどね。ボクが知りたいのは、日本のジョシカクっていうのは、いまだに総合を始める前までのキャリアである程度はなんとかなる時代なんですかね？

村田　自分的に思うのは、UFCのトップレベルのほうになってくると打撃でKOとかって普通じゃないですか？　でも通常、女子だと一発もらってもグラップラーが組みついちゃえば自分の展開に持っていけるところもありますよね。そういうことだと思います。

——なるほど。だから中井戦までは天狗になっていたっていうのは、わりとレスリングのキャリアで勝てちゃってたってことですか？

村田　そうですね。いま過去の試合を観返したら、「よくこんなんでやっていたな」って思うくらいの闘い方だったと思います（笑）。

——それはほんの4年くらい前の話で、村田さんから見て、いまの日本国内のジョシカクのレベルってどんなふうに感じていますか？

村田　打撃が強い人、寝技が強い人、組みが強い人、それぞれのカテゴリーがあってみたいな感じですよね。

——やっぱりそれぞれのバックボーンを活かしてってことですよね。でも村田さんが目指しているのはそこではないと。

村田　そうですね。全部強い、全部100点みたいな感じです。

——そもそもRIZINに参戦するときって、どんな経緯があったんですか？

村田　総合を始めるときにレスリング協会の福田（富昭）会長から榊原（信行）さんに話をしてもらって、そこからですね。

——それで「じゃあ、RIZINで面倒をみるよ」みたいな。それは村田さん本人の希望で？

村田　そうですね。希望しかないですよ（笑）。

——実際にMMAの世界に身を投じてみてどうでしたか？

村田　始めた当初はレスリングと違って闘う前の緊張が凄かったです。組み合うだけじゃなく、それまでやったこともない打撃をやるじゃないですか。違った形の覚悟がいるみたいな。それと海外のほうだとレスリングの人気が高いので、わりと大勢の人の前で試合をすることもあったんですけど、日本国内のレスリングの会場と比べたらやっぱり緊張はしましたね（笑）。

——多くの人が観ている中での試合ということで。いまはもう緊張はしないですか？

村田　試合が始まれば緊張しないんですけど、こないだのUFCは無観客だったので逆にやりやすかったかもしれないですね。

「たまに桜庭さんから変な自撮りを送ってこられるときがあって、なんて返していいのか……（笑）」

——ちょっとすみません。ちょっと意外なのが、村田さんってこんなに物静かな方だったんですね（笑）。

村田　静かです（笑）。はしゃぐときははしゃぐというか、隣に後輩とかいたらはしゃぎます。

——強度の人見知りですか？

村田　かなり人見知りです。

——いまボクは人見知られているわけですね（笑）。

村田　すみません（笑）。昔からかしこまっちゃいますね。

——じゃあ、いつも取材ではこんな感じなんですね。大人の意地悪をボクにしているわけじゃないですよね？「コイツには固く行ってやれ」みたいな（笑）。

村田　いえ、いつもこんな感じですね。すみません（笑）。

——ボク、今年の目標を決めましたよ。村田さんの心を開かせます（笑）。年内に叶えたいんですけど、1年くらいじゃ難しいですか？

村田　1年でお願いします（笑）。でも、ここに自分の後輩とかがいたら普通にしゃべりますよ。

——ひどくないですか、そのルール（笑）。

村田　後輩とかがいたら、「うっせーよ！」みたいなことを言うんですけど。

——ちょっといま後輩を連れて来てくださいよ。いないんですか、この近所に住んでる後輩（笑）。

村田　もう帰っちゃいました（笑）。

——帰さないでくださいよ（笑）。本当に意外ですよ。SNSでの投稿とかを見ていると、いつも「イエーイ！」って感じじゃないですか。

村田　あれはホントで。

——そのときの現場でのホント？

村田　現場のホントです。で、人見知りするのもホントです（笑）。

——なんか桜庭和志さんと意気投合するのもわかる気がしてきました（笑）。

村田　桜庭さんとは最初は『GONKAKU』の対談っていう感じで一緒に練習をして、そのあとも何回かグラップリングの練習に行かせていただいたんですけど、おもしろいですよね。

——タイプ的に桜庭さんと似てますよね。ちょっと照れ屋で人見知りっていう。夜中に酔っ払った桜庭さんから電話がかかってくるとかはないですか？

村田　あっ、たまに変な自撮りを送ってこられるときがあって、なんて返していいのかわからないんです……（笑）。

——あるある！（笑）。村田さんってどうしてそんなに強くな

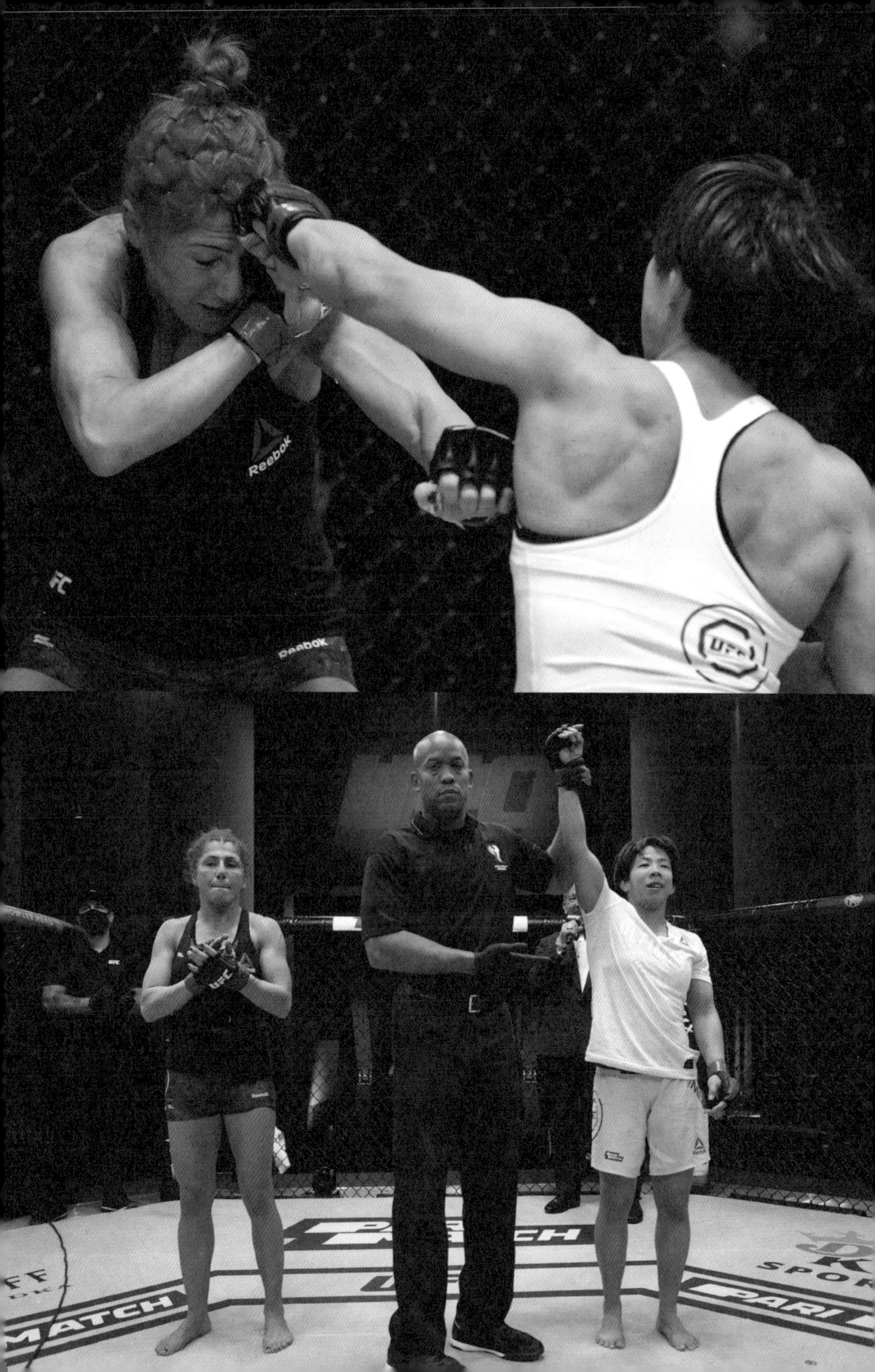
Reebok
Reebok
UFC
MATCH
PARI

りたいんですか？　強くなるということに対して凄く一途じゃないですか。

村田　強くなることしか考えてないですね（笑）。

——その理由は？

村田　ベルトを巻きたいからですかね？

——なんでベルトを巻きたいんですか？

村田　やっぱりいちばんがいいんですよ。

——誰もが認める世界最強になりたい？

村田　はい。

——なんで世界最強になりたいんですか？

村田　なんでですかね？（笑）。

——柔道やレスリングも、いちばん強くなりたいという思いでずっとやっていたんですか？

村田　そうですね。ちっちゃいときからなんでもいちばんになりたかったですね。

「同級生とプライベートで遊びに行こうみたいなことは全然やったことがないですね」

——レスリングではいちばんになるという夢は叶っていないですもんね。それをＭＭＡで叶えてやろうという。

村田　でも、そこの勝負をやるとしたら、ここから2～3年以内だと思っています。

——たぶんいけそうじゃないですか。

村田　いけそうっていうか、いくしかないと思っています。

——いまは格闘技どっぷりの生活で、家にいるよりもジムにいる時間のほうが長いくらいっていうのは本当ですか？

村田　はい。レスリングだったら、レスリングとトレーニングとランニングでって感じでやっていたんですけど、総合って全部やらなきゃいけないんで時間をけっこうかけますよね。だからここで練習もするし、いろんなところに行ったりもしているし。

——1日のスケジュールを大まかでいいので教えてもらってもいいですか？　朝は何時に起きます？

村田　朝は7時半に起きて、家でご飯を多めに食べて。それから、たとえば月曜とかは10時半前くらいにジムに来て……あっ、火曜のほうがいいな。

——火曜でもいいですよ。

村田　月曜と火曜、どっちがいいですか？（笑）。

——じゃあ、火曜で（笑）。火曜も朝7時半に起きます？

村田　はい。7時半に起きて、朝ご飯を多めに食べて（笑）。

——月曜と一緒だ（笑）。

村田　それで9時40分までにジムに来て、そこから走りに行って、戻ってきたらＭＭＡの練習をやる感じです。

——プロ練ですね。何時からですか？

村田　11時からです。それで12時過ぎまでＭＭＡの練習をやって、そこから柔術着に着替えて柔術クラスに出てスパーリングをして、そのあとトレーニングをして14時半過ぎになって……やっぱり月曜のほうでもいいですかね？（笑）。

——どっちでもいいよっ！（笑）。

村田　まあでも、1日中いますね、ホントに。練習をしないと逆にメンタルがもたないっていうか、「大丈夫かな……」ってなるんですよ。

——振り返ると、幼少期から身体を動かしていない時期ってないんじゃないですか？

村田　ないですね。じっとしていたのはケガをして入院したときくらいですね。ちっちゃいときからじいちゃんに「練習しろ！」って厳しく言われていたからかもしれないですね。

——おじいちゃんは柔道家ですよね？

村田　そうですね。柔道は棟田武道館っていうところでやってたんですけど、おじいちゃんがそこで先生をやっていて。ちっちゃい頃は練習が凄く嫌いで、「やりたくない！」みたいな感じで柔道場に行ってもやらずに寝てたりとかしたら、柔道場は2階にあったんですけど、じいちゃんが私の柔道着の帯をうしろから掴んで2階の窓から「おまえ、落とすぞ！」って。「おまえ、練習すんのか？　せんのか？」「しますー！」みたいな（笑）。

——うそでしょ!?（笑）。

村田　もう泣きながら「しますー！」って感じで言うんですけど、それで降ろしてもらったらもうこっちのもんみたいな感じで、「やらなーい！」みたいに言ってまた逃げ回るみたいな。でも、じいちゃんがガンになっちゃって余命宣告をされて、そこから違う道場に行ったんですけど。

——指導ができなくなって。

村田　そうです。それでほかの道場に移って、そこで浅見八瑠奈さんに出会ったんですよ。それで浅見さんの練習を間近で見るようになって「ここまでしないと勝てないんだな」っていうのを感じて、そこから練習するようになりましたね。小4の終わりくらいですね。

——じゃあ、そのときには自発的な強さへの欲求がすでにあったということですね。

村田　はい。

——でも、同世代の子たちはいろんな違うことに興味を持っていますよね。クラスの中で「世界最強になりたい」って思っているヤツなんか誰もいないですよね（笑）。

村田　いないですね（笑）。だから同級生とプライベートで遊びに行こうみたいなことは全然やったことがないですね。学校が終わったらすぐ練習みたいな。

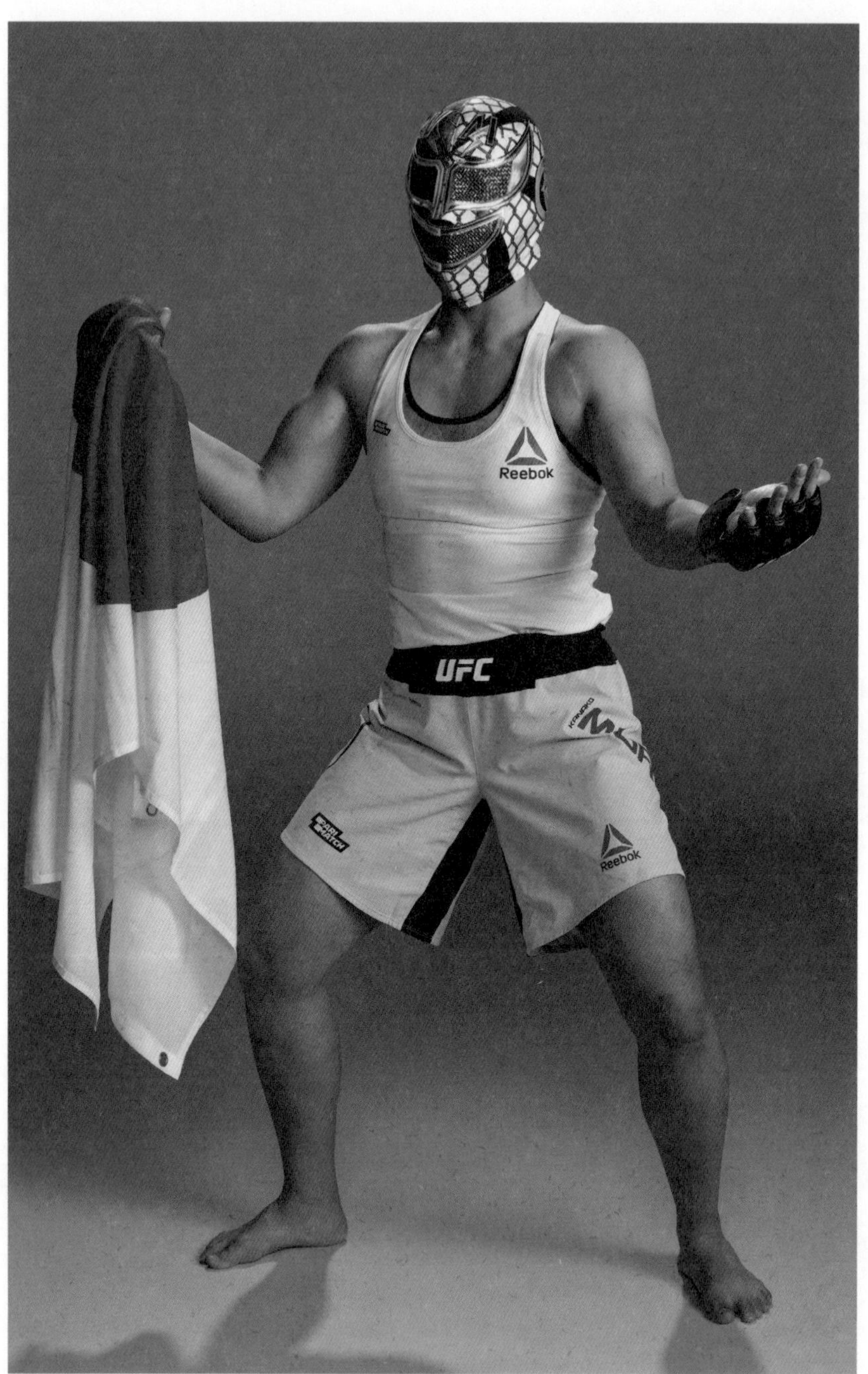
Reebok
UFC
Reebok

――虫採りに行ったりとかしなかったですか？

村田　しないですね。休み時間に友達と遊ぶとかはあるんですけど。

――まあ、それも運動ですもんね。じゃあ、親友みたいな存在もいなかった？

村田　小学校のときは……普通にしゃべるくらいの子はいましたね。

「小学校のときにはもう耳がわいちゃってたんですよ。それで友達に『どうしたの？　大丈夫？』って本気で心配されて」

――朝、学校へ行ってから下校するまでの付き合いってことですよね（笑）。

村田　そうですね（笑）。

――そうして、こんなファイティング・コンピュータが誕生したんですね。

村田　そうやって言われるとなんか悲しいですね（笑）。

――悲しくはないですよ。いまがよければいいんですから。

村田　でも本当にヤバいヤツだったんですよね。小学校のときにはもう耳がわいちゃって、耳がわくときって血が溜まってきて凄いんですよ。それで友達に「これ、どうしたの？大丈夫？」って本気で心配されるみたいな。

――やっぱり、かなり男勝りな感じだったんですか？

村田　そうですね。

――じゃあ、同級生の男の子とかに「あの子、カッコいいなー」みたいな感覚もないですよね。

村田　小学生のときはないですね。中学生になって、ちょっとそういう時期もありましたけど。

――いわゆる思春期でしょうけど、どういうタイプの男の子が好きだったんですか？

村田　やっぱり強い人ですね。

――あっ、やっぱり強さだ（笑）。

村田　強い（笑）。

――とにかく強い男が好き（笑）。あー、村田さん、いいですね。

村田　見た目とかはそんなに関係なくて、強い人ってやっぱりカッコいいと思います。

――練習漬けの毎日だったと思いますが、たまの休みに男の子とどこかに遊びに行ったことはありました？

村田　ありますけど、そういうのが本当に面倒だと思うタイプで（笑）。

――えっ！（笑）。

村田　病気なのかもしれないです……（笑）。

――それは気になる男の子と一緒に出かけるのがめんどくさい？

村田　当時はそう思っていましたね。

――「デートってなんなの?」とか。

村田「これ、楽しいか?」みたいな（笑）。

――「楽しいか?」って（笑）。そうですよね、みんな何かと引き換えに何かを得ているんですもんね。村田さん、これはUFCのベルトを獲りますよ。

村田　そしてベルトを抱いたまま孤独死ですね……（笑）。

――こう言っちゃなんですけど、村田さんって見た目もかわいらしいじゃないですか。

村田　ありがとうございます。でも何もないですよ（笑）。

――男性から言い寄られたりすることもあると思うんですけど、そういうときって本当にしんどいって感じですか?

村田　言い寄られることもそうそうないんですけど（笑）。

――いやいや、あるでしょう。ありますよ、絶対。

村田　ただ、しつこく連絡とか来たりしたら、もっと無理になりますね。

「東京オリンピックまで待ってたら、打撃を始めるにしても、寝技を始めるにしても時すでに遅しだなと思って」

――じゃあ、まわりの人たちはわりと丁寧に接してくれていますよね?

村田　丁寧?

――「おい、夏南子の前で下ネタはやめろ」みたいな。

村田　それはないですけど（笑）。

――そんなに丁寧には扱われていないですか?（笑）。

村田　いえ、そういう下ネタとかを言ってくる人はいないですもん。

――だからみんな気をつかってるんですよ。

村田　気をつかわれてたんだ（笑）。そういえば中学のとき、石井慧さんのことは好きでしたね。北京オリンピックの頃。

――それもいちばん強いからっていう理由ですよね?

村田　それとおもしろかったじゃないですか。石井さんがいちばんカッコいいと思ったのは「指導ひとつでも勝ちは勝ち」みたいなことを言ってて、本当に指導ひとつで勝ったんですよね。

――予告ホームランみたいな（笑）。

村田「すげーわ!」みたいな。そこまで勝ちにこだわるところとかが好きでした。

――村田さんの人を好きになるツボがわからん!（笑）。柔道でタックル系の技が禁止というルール改正がされたことがきっかけで、レスリングに転向したっていうのは本当ですか?

村田　そうですね。ルールが変わったことと、北京オリンピッ

クで吉田沙保里さんを観たことが重なり合って。

——そのふたつが同時に来たんですね。

村田　「これ（レスリング）をやりたい！」って思いましたね。

——やっぱり強さに惹かれるんですね。それまでやっていた柔道はスッパリ辞められたんですか？

村田　スッパリ辞めましたね。それが中3のときですね。

——その後、東京のレスリングの名門・安部学院高校に進学されますけど、それはレスリングは未経験だけど柔道の実績が十分っていうことで？

村田　JOC（日本オリンピック委員会）のエリートアカデミーっていう、東京オリンピックでの金メダリストを育てるためのプログラムができて、そのときはレスリングと卓球とフェンシングの3競技だったんですね。そこにレスリングで入れちゃったみたいな。

——あっ、そうか。エリートアカデミーの子が近くの安部学に通うっていうパターンですね。アカデミーはどこかからお誘いがあったんですか？

村田　いや、お姉ちゃんがたまたま買った雑誌にアカデミーのことが載っていて。

——なんの雑誌なんですかね（笑）。

村田　それでお姉ちゃんがレスリング協会のほうに電話をかけてくれて、柔道の実績があるからってことで「一度こっちでレスリングをやっているところが観たい」となって、それで東京に行って安部学で練習してっていう。それで運よく入れた感じですね。

——それまでレスリング経験はゼロですよね？

村田　ゼロですね。ただ、アカデミーに入ることが決まってから、松山からちょっと離れたところまで練習に行ってましたね。八幡浜工業っていうグレコローマンが強い高校なんですけど、お母さんが毎回クルマで連れて行ってくれて。

——レスリング未経験でアカデミーに入ったっていうのは、かなりの強運ですよね。

村田　そうですね。アカデミーは小学校のときに全国6連覇みたいな子たちがいるところなので。

——あそこは神童たちの集まりですからね。

村田　それでオリンピック選手に育てようとしてくれたんですけど、いまMMAをやってるみたいな……（笑）。

——そうですね（笑）。でも強さ以外のことに興味のない中、レスリング一本でやってきて、最後の最後まで吉田沙保里選手には勝てなかったっていう。吉田さんっていうのはそれほどまでに強かったですか？

村田　怪物ですね。世界がどれだけ束になっても勝てなかったですからね。世界選手権13連覇って、これから先もういないですよ。普通に考えてもあの記録を超えられる人はいないと思います。

——そして日大を卒業するとき、柔道のときと同じくレスリングのキャリアもあっさりと捨てられた感じだったんですか？「よし、これからはMMAだ」みたいな。

村田　そうですね。リオオリンピックにも行けないってわかってたんで、そこで東京オリンピックまで待ってたら、打撃を始めるにしても、寝技を始めるにしても時すでに遅しだなと思って、東京を待たずにしてMMAに行きました。

「結婚するにしても、籍だけ入れて生活は別々で、毎月お金だけは渡してくれる感じがいい」

——そのへんも勘がいいというか、MMAファイターになるための道を最短で来ているような気がするんですけど。いまおいくつでしたっけ？

村田　27ですね。

——ちょうどよくないですか？

村田　もっと動けますね。

——ちょうどいいですよね。2〜3年以内にチャンピオンになるってことは30くらいで頂点を獲るっていう青写真ができていて。

村田　そうですね、はい。

——いまのUFCで、ほかの女子の試合を観ていてどんなふうに感じていますか？

村田　上とかを観ていたら「もっともっとやらなきゃ」っていう気持ちにはなりますね。苦手な部分を克服しつつ、でも自分のいい部分もなくさずにもっと伸ばしていかなきゃ勝てないと思います。あとはやっていくうちにつれて巧さとかも出していけるようになったら。

——けっして届かない場所ではないというか、あれとこれをやっていまよりも強い1〜2年後の自分だったらいけるんじゃないかっていう感じですか？

村田　実際にやってみないとわかんないんですけど、そう思っていますね。まだ1戦しかしていないですけど。

——ボクも勘がいいので、「この人はたぶんUFCの王者になるだろうな」って思ってます。

村田　ありがとうございます。がんばります。

——とにかくボクは今年、村田さんの心を開かせまくりますから（笑）。開かせまくるにはどうしたらいいですか？ちょっと傾向と対策を教えてほしいんですけど。

村田　毎日ここのジムに来ることですね（笑）。

——ダミー人形をやれと（笑）。やっぱ強さがないとわかりあえないですか？

村田　いや、そういうのじゃなくて、毎日会ってたらそれだけでいいような。

――あっ、毎日コミュニケーションを取り続けていたら。

村田　「こんにちはー！　あれ、髪切りました？」みたいな（笑）。

――やる気のないときのタモリさんじゃないですか。それ、あまり興味がない人に対して言う言葉ですよ（笑）。村田さんのところは姉妹喧嘩が激しかったんですよね？　大人になってからも取っ組み合いの喧嘩をしていたんですよね。

村田　取っ組み合いですね。家の中でとかクルマの中でとか、その喧嘩が始まったときの場所で。

――ヤバいですね。喧嘩が激しすぎて近隣から警察に通報されたりしていたんですよね？

村田　そうですね。誰も止められないから。でもお母さんがときどき家で喧嘩してるときに包丁を持ってきて、「喧嘩するならこれでやれ！」みたいな感じで包丁を畳にブッ刺したりしてて（笑）。

――ウソでしょ？

村田　ウチは昔、弁当屋さんをやっていたので、凄いぶっとい包丁を持ってきて「これでやれ！」みたいな。

――それで「もうやめよう」みたいな。

村田　「これではやんないでしょ」みたいな（笑）。

――お母さんも激しい人ですね。

村田　でも私はお母さんの子どもっていうよりも、じいちゃんのほうに厳しく育てられた感じなので、じいちゃんの子どもみたいな感じでした。カツオとワカメちゃんみたいな。

――じゃあ、また近々会いに来てもいいですか？

村田　いつでも来てください。本当にいつでもいいです（笑）。

――ちなみに結婚願望なんてのはさらさらないですよね？

村田　（首をブルブルと横に振って）結婚とか考えたらもうゾワッとしますね……。見ず知らずの人とひとつ屋根の下で暮らすっていうのは……。

――一緒にお出かけするのも嫌なのに、他人と一緒に暮らすなんてとんでもないと。

村田　はい。ちょうどこないだも後輩と話してたんですけど、「結婚するにしても、籍だけ入れて生活は別々で、毎月お金だけは渡してくれる感じがいい」って言ったら、後輩に「それ、スポンサーですよ」って言われちゃいました……（笑）。

村田夏南子（むらた・かなこ）
1993年8月10日生まれ、愛媛県松山市出身。総合格闘家。
幼少期より柔道を始め、小学校高学年時に2年連続全国大会3位となるなど活躍し、中学は愛知県大成中学へ柔道留学。2年生で全国優勝、2008年3月のテューリンゲン国際大会でも優勝を果たす。高校よりレスリングに転向し、日本オリンピック委員会によるエリートアカデミー2期生に合格。安部学院高校へ進学して全国高校女子選手権を始めとする国内ジュニア大会を総なめにすると、アジアカデット選手権、FILAゴールデングランプリヤリギン国際大会でも優勝。2012年、日本大学に進学して世界ジュニア選手権、ゴールデングランプリなどで優勝するなど国際戦で大躍進を遂げる。大学卒業と同時に総合格闘技に転向し、2016年4月17日、『RIZIN.1』で総合デビュー。ナタリア・デニソヴァに判定勝ちを収める。その後もRIZIN、パンクラス、DEEPなどでキャリアを積み、2019年11月1日、『Invicta FC 38』のInvicta FC世界ストロー級王座決定戦でエミリー・ドゥコッティに判定勝ちを収め第7代Invicta FC世界ストロー級王者となる。さらに2020年7月5日、UFCとの契約を発表し、同年11月14日、『UFC Fight Night:Felder vs. dos Anjos』でのランダ・マルコス戦でUFCデビュー。3-0の判定勝ちで初戦を白星で飾った。

平本蓮

［総合格闘家］

「大人になったからこそできることってたくさん増えて、なんでも自分で自由にやれるようになった。だからこそ生きていてカッコ悪いことはやめようと思っていて。そういうふうに意識させてくれたのはブルーハーツの曲でした」

この男を形成したものをどんどん検証していこう。今回は「音楽」。

KAMINOGE LIVE FOREVER

収録日：2021年2月11日　撮影：保高幸子　聞き手：井上崇宏

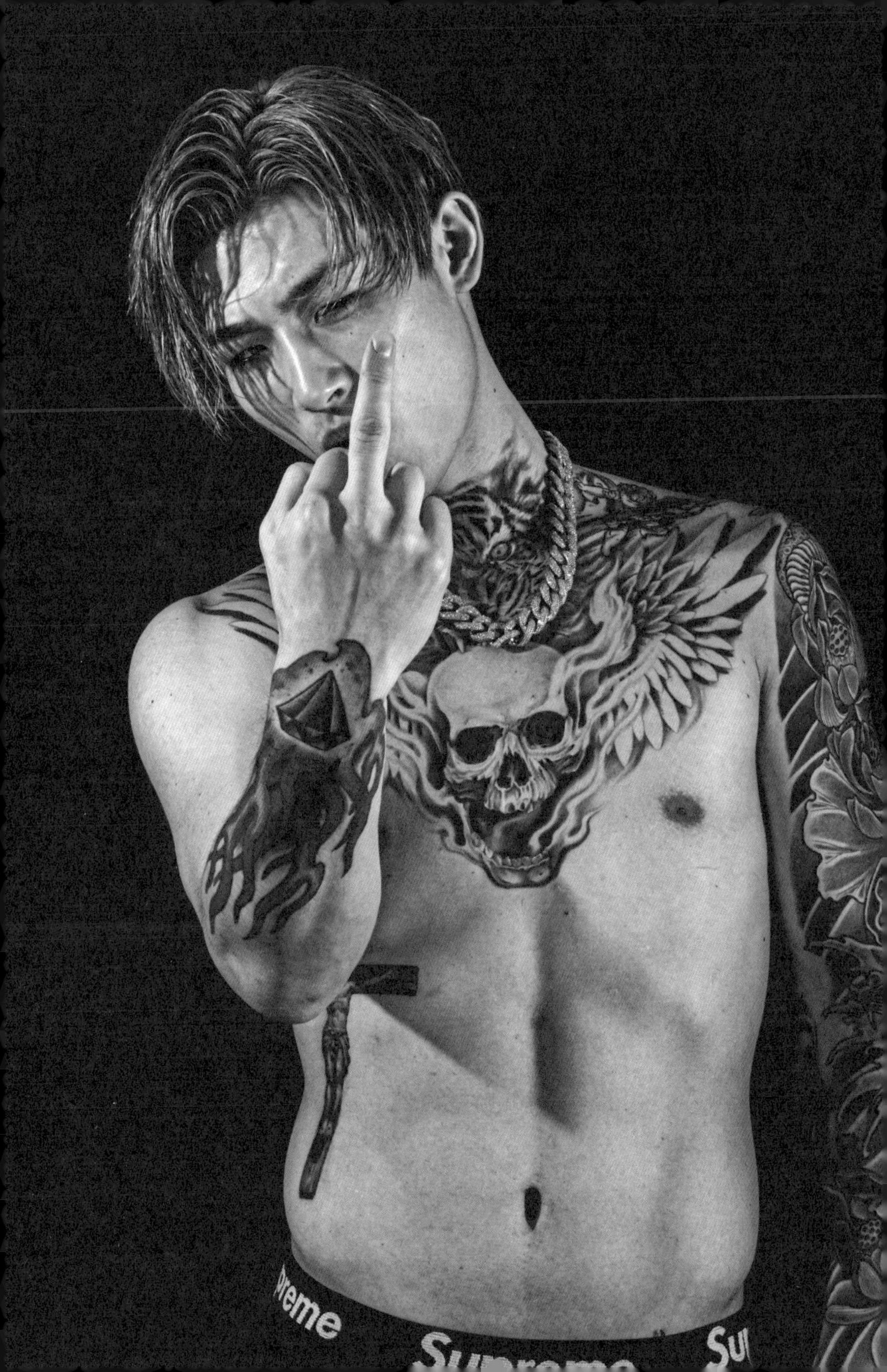
preme
Su

「アメリカ行きは現実的に夏ぐらいかな。6月に世紀の一戦があるんだったら、それを観てから行こうかなって（笑）」

――平本さんがアメリカに練習に行くまで、できるだけお話をしておきたいなと思ってまして、今月もよろしくお願いします（笑）。

平本　なるほど、お願いします（笑）。アメリカに行くのはたぶん6月とか7月だと思うんですよ。いまちょっとしたケガがあるんでそれを治すのと、寝技の基礎をやっておくこと、それとコロナのこととかを考えたら現実的には夏ぐらいなのかなと。その時点でどういう状況になっているかわからないんでなんとも言えないんですけど、シュウ（・ヒラタ＝平本の代理人）さんと話していても、やっぱり夏ぐらいが妥当っていう感じなんで。

――そういえば、こないだ黒潮〝イケメン〟二郎さんとたまたまClubhouseで会話をしたんですけど、「平本選手と仲がいいんですって？」って聞いたら「そうなんですよ。彼も絶対にアメリカに来たほうがいいですよ」って（笑）。

平本　それ、ボクも直接言われましたね（笑）。それで「カジノでうしろにいたホームレスみたいなおじいちゃんがめちゃくちゃ大金を当てて笑っちゃった。本当にアメリカンドリームみたいなことが日常で起きてる」って言ってて。「俺、こんなことを言うヤツって恥ずかしいヤツだなって思っていたけど、日本って本当に小さいなって思う。こっちに来たほうがいいよ」って。イケメンさんからそんなふうに言われたら余計に気になるじゃないですか。あの人の言うことって、わりと正直な意見っていうか。

――あっ、そうそう。個人的な思惑を入れないから情報に嘘がないんですよね。

平本　ボクにもけっこうズバズバ意見を言ってくれるんで、そこが好きなんですけど。あとは6月に世紀の一戦があるんだったら、それを観てから行こうかなって（笑）。

――ああ、ついに実現が噂されている武尊vs那須川天心。あのー、どっちが強いんですか？

平本　マジでわかんないです。どっちもどっちで、たぶんお互いに得意なタイプだから。

――世間一般的には「そんなの天心が勝つでしょ」みたいな雰囲気ですけど、もともと武尊サイドは勝つ気満々って聞きますからね。

平本　ボクは絶対に2回やったほうがいいと思いますね。

――あっ、いいですね。

平本　2回やったほうが物語的にも、いろんな意味でいちばん納得がいくんじゃないかなって。でも、ボクが「こうなったらおもしろいな」って思う結末があって、いま天心は志朗戦を控えてるし、武尊選手もレオナ（・ペタス）くんとの試合を控えていますけど、ふたりが闘うからどっちも空気を読んで延期になるんですよ。それで次戦を自分のリングで試合するんですけど、そのときに志朗かレオナにやられたら結果的にめちゃくちゃおもしろいなと思って（笑）。

――カオス（笑）。

平本　格闘技界がまた「うおーっ！」っていう。そういう考えになったたっスね（笑）。当然、いまは選手だからあまりファン目線では見ないんですけど、プロになる前の中学生の頃までの自分って、こういうなんかひとひねり入れた物語の構成が凄く好きでしたね。あまのじゃく的というか、シンプルに進んでほしくないっていうか。

――あと格闘家による勝敗予想ってけっこう当たらないですよね。

平本　あー、当たんないっスね。ホントに当たんないっス。前にある人がトーナメントの優勝予想をすると絶対に外れるっていう現象があって、みんな「俺だと予想しないでほしい……」って心の中で少し思うみたいなのがあったんですよ（笑）。

――アハハハハ！　さあ、平本さん。今日は音楽の話でもしましょうか。音楽というものを最初に好きになったのっていつですか？

平本　中学1年の夏に家族みんなで海に行ったとき、行きのクルマで母親がブルーハーツのアルバムを流してて。みんな寝ていたんですけどボクは起きていて、母親に「これ、凄いいいよ」って言われて聴いたのが最初ですね。それまで音楽とか聴いていなかったんですけど、あのときはもうなんとも言えない気持ちになったたっス。凄くいいなっていうか、初期衝動が起きたというか、とにかく感動しました。でも何がいいのかは言葉では言えないみたいな。そういうよさがブルーハーツのアルバムにあって。

――ファーストですか？

平本　そうですね。とにかくその日の記憶がもの凄く強くて。「うわー、なんだこれ！　凄いな！」と思って、そこからめっちゃのめり込むようにとにかく曲をたくさん聴いたっスね。それで最初に『人にやさしく』を聴いたときに「うおー！　なんかすげー！」と思って、次に『トレイン・トレイン』や『終わらない歌』とかいろいろ聴いていってると、「この人たち、全部凄いな」っていうか。

――初めて出会ったバンドにすべてが詰まっていた。というか、すべてが詰まっているから衝撃を受けたのかもですね。

Supreme

平本　そうそう。だから「もう、これだけ聴いておけばいい」みたいな（笑）。そこから革ジャンとか集めたりもしましたよ。お年玉を貯めて、ショットのライダースを買いに行ったりとか、（甲本）ヒロトさんが分厚いドクターマーチンのブーツを履いてたのでカッコいいなと思って、同じものを探して買いに行ったりとか。あれは本物の追っかけだったっスよね。それこそクロマニヨンズのライブに行ったりとか。

「『KAMINOGE』のヒロトさんのインタビューを読んで『自分がいちばんカッコいいと思ったものになろう』と」

——ああ。平本さんが中学のときはもうクロマニヨンズなんですね。

平本　クロマニヨンズですね。

——やっぱ若い（笑）。今度、2月20日に東京でライブがありますよ。

平本　あっ、そうなんですか？

——去年、コロナでツアーが途中で中止になったから、ひさしぶりのライブなんですけど、まだチケットを売ってることをきのう知って買ったところです（笑）。まだ売ってるんじゃないですかね？

平本　あっ、マジっスか？　ツイッターとかで調べたら出てきますか？

——出てきます。でも平本さんはクロマニヨンズよりもハイロウズよりも、ブルーハーツが好きなんでしたっけ？

平本　やっぱブルーハーツですね。ハイロウズにも凄く好きな曲がたくさんあって、クロマニヨンズにも大好きな曲ってあるんですけど、やっぱブルーハーツの頃の歌が自分のバイブルっていうか、ボクにいちばん合っているから、そこを無理してヒロトさんの全時代を追うことが正義じゃないと思ってて。ただ、オタッキーな気質があるんで全部知りたくなるんですよね（笑）。だからYouTubeでも秘蔵映像とか探しまくって、「なんだ、このTシャツ。カッコいいな！」とかっていろいろ観ていたんですよ。そうやってずっと追っかけをやっていたけど、「ヒロトさんのようになるためにはヒロトさんの全部を知ろうとする必要はないんだな」ってことに中3くらいで気づいて、それでちょっと幅広くなったっスね。それまではロックが正義じゃないですけど、甲本ヒロトが絶対みたいな気持ちがあったんで、宗教じみていたかもしれないです。

——中3くらいでそこから解放されたと。なんか最初って、ロックが大好きになったくせに、そのロック自体に縛られがちになるというか。全然自由じゃない（笑）。

平本　あー、そうですね。

――でも中3でそこに気づけたって早いですね。

平本　いや、自分では気づけなかったんですけど、母親がけっこうおもしろい人なんで、音楽好きの母親からそう感じたというか。そこでロックの呪いを解いたというか、ボクは高1でK－1甲子園でデビューしてるので、いましている話って、中3のときの本当にプロデビューのちょっと前の話なんですよね。だから自分も表舞台にちょっと出るようになる直前に、いい具合に気づけたっていう。

――出役になった自分が、誰かのコピーだとまずいですもんね。

平本　ただ、ボクは『日曜日よりの使者』がもの凄く好きだから入場曲にも使っていたんですけど、あれを聴くと元気になるっていうか楽しくなれるんですよね。桜井〝マッハ〟速人さんが五味（隆典）さんとやるときに『千年メダル』で入場して、「めちゃくちゃカッコいいな！」とか思って。あとは『KAMINOGE』の創刊号かな、中3のときにヒロトさんのインタビューを読んでまた考え方が変わったというか、柔らかくなったというか、自分の世界観を探せるようになったんですよね。

――あっ、買ってくれてたんですか。

平本　後楽園ホールの隣の本屋に置いてあったんですよ。ちょうどその頃、「自分はどういう選手になりたいか？」って考えていたときだったから、あれを読んで「自分がいちばんカッコいいと思ったものになろう」と思って。で、高校生活でもそういうことを意識して過ごすじゃないですか？　プライベートも仕事も一緒っていうか、それで自然と自分の性格とかキャラクターもできあがっていって。そういう青春時代だったっスね。だから自分がカッコいいと思う選手像っていうものを音楽で表現してくれているのがブルーハーツで、ボクは試合で表現するロックミュージシャンっていうか、試合を通じてロックさ、カッコよさを伝えたいんですよね。

――「絶対に勝ちたい」よりも？

平本　勝ちたいっていうのも同時に。

――「どう勝つか」ですよね。

平本　そうですね。持っていき方とか。でもブルーハーツがきっかけでロックに凄くハマったんですけど、ヒロトさんってイギリスのロックバンドとか凄く好きじゃないですか？だからヒロトさんから影響を受けて、それこそセックス・ピストルズとかいろいろ全部聴いてみようと思ってバーッと聴いたんですけど、正直わけわかんなかったんですよ。英語だし、歌詞を読んでもわけがわからないことが書いてあるし。だから、ヒロトさんはたぶんこの人たちのことを尊敬してる

と思うんだけど、正直俺にとっては甲本ヒロトのほうがナンバーワンだから、そこは無理して聴かなくてもいいのかなと思ったんですよ。でも、そこで唯一しびれたっていうか、気になっちゃったっていうか、カッコいいなと思ったのはニルヴァーナのカート・コバーンですね。定番ですけど、弱い人間が持つスピリットっていうものに感動というか衝撃を受けて。

「強い者の立場が私欲のために平気で弱い者を犠牲にするっていうのが、ボクの中ではいちばんの悪」

——カート・コバーンが死んだのはボクが大学生のときですね。

平本　ボクが出会ったときはもうとっくに死んでましたね。だから母親が酔っ払ってるときに一緒にしゃべっていて、「俺もロックスターみたいに27くらいで死ぬかな」って言ったらめちゃくちゃブチギレて、「変なこと考えるな！」みたいな（笑）。

——「冗談でも言うな」と（笑）。いまってヒップホップが全盛の時代じゃないですか。ヒップホップこそが反逆の音楽であり、昔のロックの役割を担っているというか。だから逆にいまロックを聴いている人ってちょっと真面目でいいヤツみたいな、そういう空気がありますよね。

平本　あー、わかります。もともとロックって不良の音楽じゃないですか。それこそロックをやってるヤツらが乗っていたカフェレーサーのバイクをモチーフにして作り上げられたのが日本の族車だったりするわけで。だからロックって反抗、反逆の象徴なんだけど、いまは世界的にヒップホップじゃないですか。そのヒップホップの中でもロックスターはたぶんいるはずだなと思って。スタイルがヒップホップっていうだけで昔いたロックスターっていうのはラッパーに多いじゃないですか。若者はそういうのに「カッコいい！」ってなるじゃないですか。強い力に歯向かって行く姿がカッコいいっていうのをラッパーが体現してるから、いまは全世界でヒップホップが来てるのかなって。若者が元来求めるロック的なカッコよさをちょっとヒップホップに奪われちゃった感はあるっスよね。

——ボクも少なからずグッとくるラッパーはいますからね。

平本　いまっていろんな種類が増えて、音楽にあまり興味がない人って何がなんなのかよくわからないと思うんですよね。ボクの勝手な偏見で「金持ちのボンボンが歌うロックはロックじゃねえだろ」っていうのがあるんですけど「ボンボンの歌は死んでも聴きたくない」っていう（笑）。

Supreme

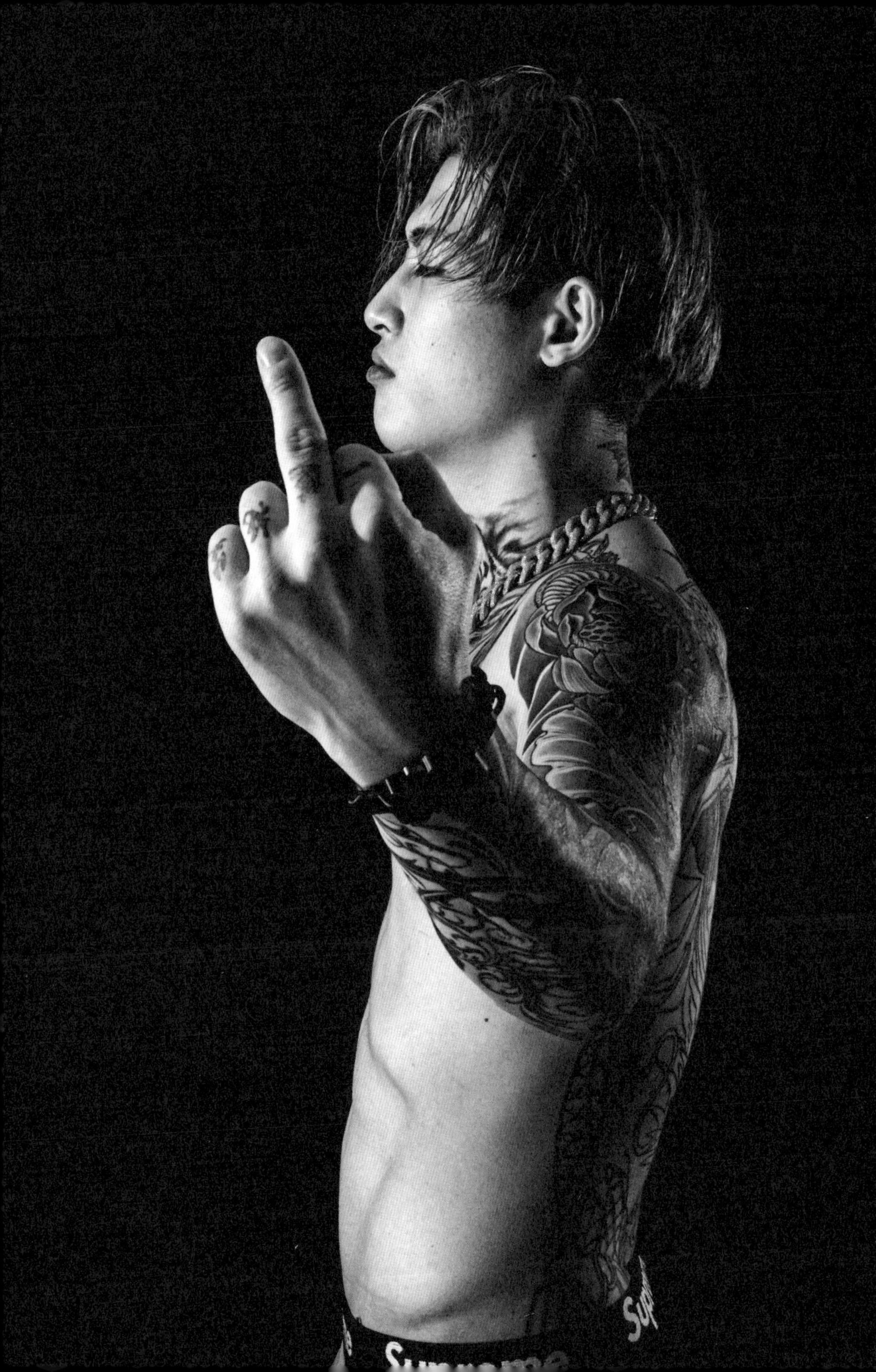

――ボンボン差別（笑）。

平本　母親ともいつも言ってるんですよ。「ボンボンがロックを歌うな！　ナメんじゃねえ！」みたいな（笑）。カート・コバーンも「自分よりも強いヤツに歯向かい続けるのがロックであって、カネを手にした俺はロックではない」みたいなことを言って死んじゃったじゃないですか。そこまで求めているわけじゃないですけど、強い者の立場が私欲のために平気で弱い者を犠牲にするっていうか、操るとか騙すっていうのが、ボクの中ではいちばんの悪だと思っているんですよ。でも社会で生きていたら、基本的にはそういうものっていうか。

――そうですね。

平本　そこを大人になってからより感じていて、だからブルーハーツが凄いなと思ったところは、中学のときに衝撃を受けたものが、いま大人になって社会に出てみて、ふと家に帰ってきたときにブルーハーツを聴いたりするとちょうど自分が思っていることを歌にしているんですよ。中学生でも、大人になったいまでも共感するような言葉が歌に全部入っていることが凄いですよね。

――しかも、あの人たちは当時20代で。

平本　そうっスよね。

――あの普遍性は凄いですよね。

平本　タイムマシンがあるなら、あの当時にホント行きたいっスね。それが夢っスね。ずっと思ってたっス。ブルーハーツが世の中にバーッと出てきたときぐらいの1987年とかに戻って、日比谷野外音楽堂とか行ってみたいなと思って。

――でも衝撃を受けただけじゃなく、共感もできるようになったときに喜びを感じません？

平本　「この部分の歌詞に共感できるな」っていうのが何曲もあって、べつに特別なことは言ってないんですけど、自分の気持ちを乗せやすいというか、歌が代弁ってこういうことなのかなって。まるで自分のためにできた歌ぐらいに感じることがあるっスね。

「変な時代に生まれたなって思うっスよ。カッコよさやロマンは昔のほうがあったんだろうなって」

――あと解釈も変わりますよね。いまになってみて、「この曲ってこういうことだったのか！」って気づくみたいな。それも本当の正解かどうかわからないんですけど、超心地いいですよね（笑）。

平本　あー、わかります、わかります。だから好きな曲の順番とかも変わりますね。だけどずっと好きな曲っていうのは、中学校からいまでもそうですけど『人にやさしく』。あの歌ってボクのお父さんみたいだなと思って。ボクのお父さんは凄くやさしくて、自分はこういう人間にはなれないなっていうか。

――あれもいろんな解釈があって、「どうしても人にやさしくできない自分に『がんばれ』って言ってる」っていう説もあるんですよ。でも本人は絶対に詩の解説はしないので、それもどうだかわからないですけど（笑）。

平本　へえー、いいっスね。ヒロトさんが「日本人は歌詞にこだわりすぎるんだよ」みたいなことを何かで言ってて、「たしかにそうだったか」と思って。日本人ってなんでもかんでも意味を求めるじゃないですか？　たとえば入れ墨もそうなんですよ。「これはなんの意味があるの？」とか。そんな1個1個に意味っていうか、もちろん入れた理由はちゃんとあるんですけど、べつに入れ墨の意味にボクはそんなに重点を置いていなくて、ぶっちゃけ意味なんて途中で変えられるようなものじゃないですか。意味ってそのときそのときであるものだし、いくらでも変えられる思想に重点なんか置かないですよ。

――たしかにそうですね。同じ格闘家で「この人はロックだな」って思う人っています？

平本　大月晴明っスね。

――即答でしたね。キレッキレの47歳。

平本　いやあ、あの人はなんかロックじゃないですか（笑）。こないだの復活した試合を観て思ったっスね。「なんかいいな」って。あとは青木（真也）さんですよね。大月さん、青木さん、あとは誰だろうな？　いろんな種類のロックがあると思うんですけど、でも格闘家ってアスリートが増えたじゃないですけど、昔みたいなヤバい人が少なくなりましたよね。

――まともな仕事に就けない人がやるものみたいな（笑）。プロ野球選手なんかも昔はそうだったと思うんですけど。

平本　まともな人がホントに増えたっスね。スパーリングとかをやってたら、わりとお互いが熱くなるっていうか、最後はバチバチになって終わって、それでも「ありがとう」って感じで終わるじゃないですか？　昔ってたぶんそれが普通だったと思うんですよ。元来の格闘技にある、スイッチが入るじゃないですけど。でも、いまってわりとみんなアスリートっていうか、スポーツスポーツしてるんで「熱くならないようにしようね」みたいな。お互いがそういう感じで練習に入ってるから、なんかわかんないですけど、ボクは矛盾を感じちゃうんですよ。格闘技の練習をやっていて「熱くならないようにしよう」ってのは大事なのかもしれないけど、「それは無理だろ」って思うんですよ。そういうときに熱くなれないヤツってダメだなってボクは思ってて、熱くなれないヤツっていうのはまず試合で絶対に勝てるわけがないんですよ。でも、いまはそういう種類の人間が増えたっスよね。

――22歳にして、意外と生きづらい世界だったんですね（笑）。

平本　生きづらい時代ですよね（笑）。わけわかんないですよ。ユーチューバーが歌を出してめちゃくちゃヒットしちゃうとか、もうわけがわからないじゃないですか？　変な時代に生まれたなって思うっスよ（笑）。いまの時代ってカッコよくないっス。おもしろいか、おもしろくないかで言えばおもしろいのかもしれないですけど、カッコよさやロマンは昔のほうがあったんだろうなって。

――いまはいろんな道具をうまく乗りこなせるヤツが強いみたいな時代ですもんね。勝手にそんなルールを設定されてもっていう（笑）。

平本　ボクは貯金をするとかまったく考えてないんで。とにかく格闘技でめちゃくちゃ稼いで、銀幕スター並みに派手に使って、引退したあと生活できるかどうかは知らない。人生なんてそんなんでいいかなと思ってるんですよ。ロックをわかりやすく、ざっくりとしていてもいいので体現したい。いい意味で、大人になったからこそできることってたくさん増えて、なんでも自分で自由にやれるようになって、そのとき教訓にしていることっていうのは、生きていてカッコ悪いことはやめようと思っているんですよ。カッコよくないことはやりたくない。それは選手としてだけじゃなくて、人としても。そういうふうに意識させてくれるのがブルーハーツの曲じゃないですか。だから、いまでも週3回くらい聴いて、「自分はこういうところに気をつけてがんばろう」じゃないですけど、自分のマインドを崩さないように。

――確認ですね。

平本　確認をしていますね。そういう感じでいまは聴いてるっス。

平本蓮（ひらもと・れん）
1998年6月27日生まれ、東京足立区出身。
総合格闘家。元キックボクサー。
THE PAN DEMONIUM所属。
小学生のときからキックボクシングを始め、12歳で全国U-15ジュニアボクシング大会優勝、高校1年でK-1甲子園優勝、高校3年でK-1ライト級世界トーナメント準優勝、そして19歳のとき日本人で初めてゲーオ・ウィラサクレックにKO勝利するなど輝かしい実績を持つ。2019年11月1日、所属していたK-1 GYM総本部との所属契約が満了し、フリーになる。2019年12月29日、さいたまスーパーアリーナで開催された『BELLATOR JAPAN』で1年9カ月ぶりにリングに登場。芦田崇宏とキックボクシングルールで対戦し、TKO勝ちを収めた。そして2020年12月31日、自身初の総合格闘技ルールでの試合となった『RIZIN.26』で萩原京平と対戦。戦前に対戦相手の萩原だけでなく朝倉未来らともSNSを通じて舌戦を繰り広げて自身のMMAデビュー戦を盛り上げたが、2RTKO負けを喫する。

兵庫慎司のプロレスとはまったく関係なくはない話

第69回 世の中の仕組みが変わった

『ゴッドタン』腐り芸人セラピー配信ライブリアルタイムで16000人視聴」(エキサイトニュース/2020年2月13日より)

びっくりした、これには。「書き起こしNG」「絶対にピー音が入らないオンラインライブ」と謳い、テレビでは観れない内容だとアピールしていた、というのは大きいだろうが、それを除けば、キャスティングも、企画も、普段土曜深夜の地上波で放送しているのと同じですよね。視聴チケット代は「腐りかるた付きチケット」が2800円で、通常チケットが2200円(共に税込)。仮に全員通常チケットとしても、16000人もの人が、劇場で映画を観るよりも高い金額である2200円を、これを観るために払ったわけですよね。単純計算で、3520万円の売上。

何これ。凄くない? 民放地上波とか、スポンサーとか、番販とかの根本的な定義が揺らがない? こういう事態が起きると、ただの視聴者の僕ですら思うんだから、テレビ東京のスタッフや出演者陣は、もっと感じているだろう。「何この現象?」「俺らが普段やってる仕事の構造って、じゃあ何?」と。

あるいは、ここ1年で浸透した「生配信ライブ」というビジネス。これ、こと音楽においては、ほぼ新しい形態だっただけに、一般化すればするほど、いままで隠れていた事実が明るみに出る、というところがある。

たとえば、世間的な人気の高さと、有料生配信ライブの券売は、かならずしもイコールではない、ということ。高校生大学生くらいの若い世代に人気のアーティストは、意外と視聴チケットが売れない。さいたまスーパーアリーナでワンマンをやれるくらい人気の、某バンドが行った生配信ライブは、2500円のチケットで、視聴者数が3000人台までしか伸びなかった。

生まれたときからYouTubeがある世代は、おカネを払うのは生のライブとグッズ、音源や映像のソフトは、基本的に、タダじゃなきゃ触りません。ということは知っているつもりだったが、「本当にそうなんだなあ」と実感したものです。

兵庫慎司

(ひょうご・しんじ)1968年生まれ、広島出身、東京在住。音楽などのライター。雑誌は『週刊SPA!』など、ウェブサイトはSPICEやリアルサウンド等で仕事中。DI:GA ONLINEで『とにかく観たやつ全部書く』という連載を持っていて、半月に1回アップしていますが、本当に、ワクワクしている場合ではない日々です。

人気があってファンの年齢層が高い、ベテランの大物になると、その逆の現象が起きたりする。たとえば、２０２０年11月に弾き語りで、２０２１年1月～2月にバンド編成でツアーを行った、奥田民生。どちらも全公演有料生配信ありで行われたが、画面の下の視聴者数、平均１３０００人くらいだった。凄い、毎回セットリストを変えていたとはいえ。

または、18万人が視聴チケットを買ったというサザンオールスターズや、全世界で75万人が観たというBTSの配信ライブは、「配信は1回の公演のチケット枚数の上限がない」という、「あたりまえだけどよく考えたら凄い事実」を、我々に教えてくれたりもした。

新型コロナウイルスで世の中がこうむっている被害は本当に大きいし、音楽・出版・ウェブ業界で仕事をしているフリーのライターである僕も、直接ダメージを食らい続けて早1年で、のんきなことを言っていられる状況では、まったくない。それでも、世の中のこれまでのシステムが揺さぶりをかけられている、「以前」が壊されて「以降」は新しい形をとらざるを得なくなっている、というさまには、不謹慎だがワクワクしてしまうところがある、正直。当事者なのに。

さらに身近なところだと、もうさんざん言われているが、リモートワーク関係。たとえば、２０１８年に完成してＧｏｏｇｌｅがまるごと借りている渋谷駅の隣のビル、渋谷ストリーム。そばを通るたびに「うわあ」と思う、全フロアまっ暗で。でもみなさん、リモートで仕事をしていて、それで会社は回っているわけよね。じゃあ何？このビルの家賃って。という。

インターネットのいちばん革命的なところって「場所が関係ない」ことなのに、なんでどの会社も、六本木ヒルズとか渋谷とかに、でっかい事務所を構えるんだろう。と、ホリエモンがフジテレビを買うとか言っていた頃から、僕は不思議に思っていたのだが、その謎な構造がようやく崩れ始めた、とも受け取れる。

僕のクライアントのウェブサイトで言うと、たとえばヤフー・ジャパンは、２０２０年10月から完全リモートワークになった。ＣＩＮＲＡもフルリモート化し、渋谷道玄坂のオフィスを引き払ったことが、２０２０年11月30日に発表された。ＳＰＩＣＥは、母体はチケット販売のイープラスで、恵比寿ガーデンプレイスタワーに会社があるのだが、編集部は「コロナ収束以降も完全リモート」と決まったそうで、僕の窓口のスタッフは「なので、代々木上原から調布に引っ越しました」と言っていた。

そういえば、渋谷駅からほど近い、桜丘町のインフォスタワーに入っているアミューズが、富士山麓に移転を計画していることが、年明けすぐに文春オンラインにすっぱ抜かれた。もうひとつそういえば、本誌を制作している井上ヤマモト編集長の有限会社ペールワンズも、かつては渋谷の桜丘町にありましたね。「昔、横浜アリーナにＰＲＩＤＥを観に行ったときに名刺交換した井上きびだんごだよなあ、あの人」と、道で見かけるたびに思っていたものです。

ザ・マミイ

林田洋平&酒井貴士

「ネタでもっと評価されたい
っていうのが軸にあって、
何をやってる人なのか
わかんなくなるのはもったいない。
いまは遊ばれるような
キャラクターになってきてるからこそ、
なおさらネタを急ピッチで
仕上げていかないとマズイなと」

おもしろい人はなぜおもしろいのかを
調査する好評連載・第3回

コンビ結成わずか2年半でこの快進撃!
だけど本人たちにはその自覚なし?

収録日:2021年2月12日　撮影:保高幸子　聞き手:大井洋一　構成:井上崇宏

The

「大井さんがマミィのこと好きなのはもうわかったから」

テレビ番組の会議で、企画によって新たなキャスティングを求められることがしばしばあるんですけど、ボクが毎回毎回「ザ・マミィ」と書いていくので、何度目かでこう言われるわけです。でもまだまだ伝わっていない！

俺がどれぐらいザ・マミィが好きなのか！（大井）。

「どうしても同期の四千頭身と比べちゃうところがあるんですけど、ボクが四千のかわいいコメントなんかを真似してもウケない」（酒井）

――おふたりは格闘技とか観ます？

林田　ＲＩＺＩＮとかは観ますね。

酒井　大晦日とかも観ましたよ。シバターとか。あとは誰でしたっけ？

――シバターしか出てこない（笑）。

林田　堀口恭司とかさ。

酒井　あっ、カーフキックの。（林田に）カーフキックを練習すれば？

林田　なんでだよ（笑）。

――おふたりはコンビ結成が２０１８年ですよね。

林田　そうですね。２０１８年の９月とかで。

――そう考えると、もの凄くトントン拍子で来てませんか？

林田　いや、四千頭身が同期なので何も感じないですね（笑）。四千を見ちゃうと「ああ、遅れまくってるな。ヤバい、ヤバい……」って思いますよね。それは焦るのとはまたちょっと違いますけど、「力をつけなきゃ」っていう。

酒井　「ちょっと調子がいいんじゃない？」って言ってくださるときもあるんですけど、どうしても自分たちでは四千と比べちゃうところがあって。ただ、意外と四千のかわいいコメントみたいなのを真似しても、ボクがやるとウケないんですよね。

――同期とはいえ、芸人としての種類がまったく違うのに、それでも意識しちゃう？

林田　しかも年齢は向こうが4個くらい下なんですよ。向こうは高卒で始めてる組で、ボクらは大卒の組なんで。そういう意味では、たしかによく考えたら比較するものじゃないはずなんですけど（笑）。

――でも刺激にはなっていると。

林田　そうですね。第七世代ブームみたいなのがありますけど、いい意味で先頭を走ってる人を風よけにしながら体力を温存して、あと5年くらいで前に出ようかなっていう感じですね（笑）。

酒井　後藤くんがいまアウディに乗ってるじゃないですか。

あれで家まで送ってもらったりとかあるんですよ。そういうときに「もっとがんばろう」って（笑）。

――悪い意味じゃなく、四千頭身はタレントになってきていますよね。だけどザ・マミィは芸人ですよね。

酒井　芸人になりたいですね。

――だから、収入とかそういう面では焦ったりとかあるかもしれないけど、目指してる道は違うんじゃないかなって。

林田　だから、たぶんお金だけ見えてますよ（笑）。

酒井　アウディだけ（笑）。

林田　タワーマンションとアウディだけ見えてますね。でも、逆に言うとボクらはあれを真似しようと思っても無理ですからね。

――あと、おふたりからは「人力舎だなー」っていう感じが凄くしますね。

林田　あっ、ホントですか？

酒井　やっぱ匂いがしますか？　染みついちゃいました？

――だいぶ匂いが出てますね（笑）。ふたりとも養成所（スクールJCA）からですよね。それは最初から人力舎がいいなと思ってですか？

林田　そうですね。ボクは好きな芸人さんがおぎやはぎとか、いわゆる東京の芸人さんで。バナナマンとかも好きだったんですけど。

――いわゆるオークラ一座ですよね（笑）。

林田　そうですね（笑）。なので人力舎で即決でしたね。

酒井　ボクはどこの事務所かで迷っていて、ライブとかも観に行ってたんですけど、そのときに『キング・オブ・コント』に出る前の巨匠さんのネタを観てめちゃくちゃ刺さったんですよ。「パチンコ玉を競馬新聞で包んでおじさんを作ってるんだ」っていうネタがすっごくおもしろくて、「うわー、凄いおもしろい人がいるー。カッコいいー！」と思ったら、その年に決勝に行ったんで「あっ、この事務所（人力舎）でもおもしろければ出れるんだ。ここにしよう」と思ったんですね。

林田　しかも新宿Ｆｕ－で観たんでしょ？　あんなちっちゃいところで観たあとに決勝進出って、たしかに夢があるよね。

「東京の芸人が好きだったのと、『よしもとは怖いんでやめておこう』っていうのは感覚的にありました（笑）」（林田）

――あと、林田さんからはコントが好きなんだろうなとか、お笑いが好きなんだろうなっていう空気が出ていますけど、酒井さんももともとお笑いが好きだったんですか？

酒井　えっ、何をですか？

林田　なんでいまのを理解できないの。絶対にわかりやすかったじゃん（笑）。

酒井　も、もう一度いいですか？

――林田さんは、バナナマン、おぎやはぎ、東京０３とか東京のコントカルチャーが好きだっていうのが伝わってきますよね。

林田　正直ど真ん中だったんですよ。

――自分もそうなりたいと思って人力舎を目指したっていうのが、芸から凄い伝わるんですよ。酒井さんも青春時代はそういう文化に触れていたんですか？

酒井　そうですね。バカ殿とかけっこう好きでしたね（笑）。

林田　みんなそうだろ（笑）。

酒井　最初にお笑いに触れたのはバカ殿で、ネタっていうのだとテツａｎｄトモさんを観て。

林田　いまのところ、世の子どもみんなと同じルートだな（笑）。

――特別なセンスはまだ見せてないですね（笑）。

酒井　いや、ちょっとセンスがあるのを言いたいな……。誰だろ、センスあるところで言ったら。正直、お笑いが好きで芸人になりたいっていう気持ちもあったんですけど、ボクは昔ちょっと小倉優子さんにハマってたというか、ゆうこりんが自分の青春時代のアイドルだったんですよ。その頃にライセンスさんがゆうこりんさんと夕方のテレビに出ているのを観て、ボクはアイドルにもなれないし、ゆうこりんさんと会うにはどうしたらいいんだろうと。「俳優、いや違うな。じゃあ、芸人になれば会える！」と思って、そこでお笑い芸人をやりたいなって。

林田　じゃあ、事務所はどこでもよかったんだろ？

酒井　まあ、親父が人力舎を勧めてくれたっていうのはありますね。

林田　えーっ？

酒井　「東京といえば人力舎だろ」みたいなのがあって。

――親父さんもだいぶコアな見方をしていますね（笑）。

林田　まあ、東京の人だもんね。

酒井　あとは「若手が売れてないから逆にチャンスじゃないか」ってことを言われて。

林田　凄い冷静（笑）。それに気づくのが早いな。

酒井　親父にそう言われのと、さっきの巨匠さんを観たりとかもあって「人力舎がいいな」って。もともと前に出てワーッというタイプの人間でもなかったというか、一軍の人から呼び出されてちょっとおもちゃにされてっていう人生だったので、よしもとに行っちゃうとまたそうなっちゃうなっていうのがあって。

林田　「よしもとは怖いんでやめておこう」っていうのは感覚的にありましたね（笑）。

酒井　結局は人力舎に入ったとはいえ、よしもとさんの芸人とご一緒になるとまたおもちゃにされるんですけど（笑）。

――おふたりの関係はイーブンなんですか？

林田　どうなんですかねー。

――前にABEMAの『チャンスの時間』の〝喜怒哀楽引き出しチャレンジ〟っていうドッキリのときに、林田さんが超怖くて。

酒井　ですよね（笑）。

林田　ホントですか⁉（笑）。

――「これ、普段から怖い人だ」と思って。あの追い込み方っていうか。

林田　あれを観て「怖かった」って、たまに言われますね。

――いちばんピリピリしてるときの設楽（統）さんっぽかったなって（笑）。

林田　ちょっと理詰めというか。

――理詰めで相手が「ああ……うう……」としか言えないのをわかっていて詰めてくるみたいな（笑）。だから普段のコンビでのパワーバランスはどうなってるのかなって。

林田　いや、全然あんなんじゃないですよ（笑）。ああいう相方を詰めたりっていうのはあれが初めてだから、こっちがバーッと言っててどう返してくるのかがホントにわからなかったです。言い返してくるのかなとか、下手したら立ち上がって出ちゃったりとか、いままでその強さのぶつかりってなかったんで。それでバーッと言ってみたら、意外とへなちょこだったから（笑）。

酒井　いやいやいや。

林田　「これ、言えるな」と思って。あそこで型ができちゃったというか（笑）。でも逆に、こないだラジオで酒井が「もっと俺に厳しくしておかないと好き勝手に動いちゃうぞ？」みたいなことを言ってきたんですよ。

「ボクは彼女に集中しちゃうと彼女だけになっちゃうんですよ。まあ、いまはラップですけど」（酒井）

――なんですか、そのヤリマンみたいな主張は（笑）。

林田　「遊んじゃうよ、俺」みたいなことを言われたから「俺、何で怒られてるんだ？」って（笑）。だから不思議な関係ですね。どっちが強いとかはあまりないかも。

酒井　そうなんですよ。最近はあまり制してくれないから。

――制されたいんですか？

酒井　まあまあ、なんて言いますか、ちょっとボクの場合はお笑いから離れかけてる自分がいて（笑）。「そういうところをちょっと軌道修正してくれよ」っていう。

――「おまえは芸人だぞ」って言い続けてくれないと。

酒井　最近もここ、頭の横をスキンに刈り上げとかしちゃうんで。

――カッコつけ始めてきたんですか。

酒井　そうなんですよ。あとはラップとかが好きだから、ネタも書かずにリリックを書いたりする時間があって、「ちょっとこれ、自分じゃ止められない！」みたいな。

林田　それ、知らないよ！（笑）。

酒井　制してくれよ（笑）。

――「ついついリリックを書いちゃう俺を叱ってほしい！」と（笑）。それはやっぱり根底にはモテたいっていう気持ちがあるんですか？

酒井　なんか出てきちゃってるんですよねえ。

――最近テレビに出たりとかして、それなりに「あっ、酒井さんだ！」って言われることも多いわけじゃないですか。

酒井　それがあんま……。ちょうどコロナ禍っていうのもあるかもしれないですね。

――でも仕事で行った先にアイドルがいたりとか。

酒井　年末にけっこう出させていただいて、そのあと指を差されたのはサウナとかパチンコ屋の喫煙所で、おじさんが「あんた出てたよ。あのほら、運動神経があれだよ」みたいな。女子からのワーキャーみたいなのがまったくなくて。

林田　それは女子がいる場所に行かないからだろ（笑）。

――その書いたリリックはどっかで発表することはあるんですか？

酒井　曲として仕上がったらリリースしようかなとか。それはまずいなとは思ってるんですけど（笑）。

――アーティストになってきてると。

酒井　精神がちょっと。でもそうっスね、モテたいっていうのはありますね。

――やっぱりアイドルとかと付き合いたい？

酒井　あー、そうですねえ。

――でも付き合っていた彼女と別れたんですよね。

酒井　そうなんですよ。ずっと寄り添ってくれた彼女がいたんですけど……。ボクは彼女に集中しちゃうと彼女だけになっちゃうんですよね。まあ、いまはラップですけど。

林田　なんでお笑いじゃないんだよ（笑）。

酒井　お笑いに戻したかったんですけど……。

林田　真剣にお笑いをやりたくて彼女と別れたんでしょ？なんでラップやってんの（笑）。

酒井　だからちょっとその……。だから1個しかできないのでお笑いにガッと集中したいというか、「今年は大事だぞ！」とかいろいろ思ったんで、それで疎かにしてしまうくらいなら1回お別れしましょうっていうことで別れたんですけど、なかなかこう……。

――別れてもうまく集中できなかったと。

酒井　そうですね。ネタもそうですし、おもしろいことだけを常にやりたいっていうのが根本にあって別れたんですけど。

林田　カッコいい考えだな。

酒井　いまはお笑いに集中しようと思ったのに、寂しすぎてお笑いに集中できないみたいな状態で。

――そこで謝ったりとかしないんですか？「ごめん、やっぱりヨリを戻そうよ」って。

酒井　なんて言うんですかね、彼女のツイッターとか見たんですけど……ちょっともう無理ですかねえ。たぶん嫌われてるのかな……。

林田　けっこうな罵詈雑言が書かれてるんですよ（笑）。

――酒井さんに対してですか？（笑）。

林田　裏アカみたいなので「なんだ、アイツは！」って（笑）。だからラジオとかいろんなところでちょっと美談とまでは言わないけど、そういうふうに話すじゃないですか。それをもしかしたら彼女も聴いててイラついてるのかなって。でも「まあ、彼女がイラついててもしょうがないな」と思って（笑）。

「最近、酒井に確認したんですよ。いまのキャラってある意味では覚悟がいるものだと思うから」（林田）

――見え方としては、ピュアな気持ちでお笑いに集中したいから彼女と別れた。それで彼女と行った鳥貴族での思い出とかを涙ながらに話してね、その純情ラプソディみたいな話になってるのが彼女は気に食わないんですね（笑）。

林田　気に食わないんだと思います。そりゃそうですよね。

酒井　それでファンの方とかが「酒井くん、かわいそう。大丈夫かな？」とか心配してるのが目に入っちゃって、「なんで加害者のくせに被害者ヅラしてんだよ！」と。それで悲しみから怒りに変わったことがツイッターで書かれていて、ちょっともう戻れる場所もないので前に進むしかないといまは思ってます。

――で、進みすぎてラップのほうに行っちゃったと（笑）。林田さんはふたりでやるには賞レースで優勝したいっていう気持ちはあるんですか？

林田　やっぱりそこはありますね。ネタの評価はもっとされたいっていうか、そこが軸でついてこないと何をやってる人なのかわかんないのはもったいないなって。そもそも『キン

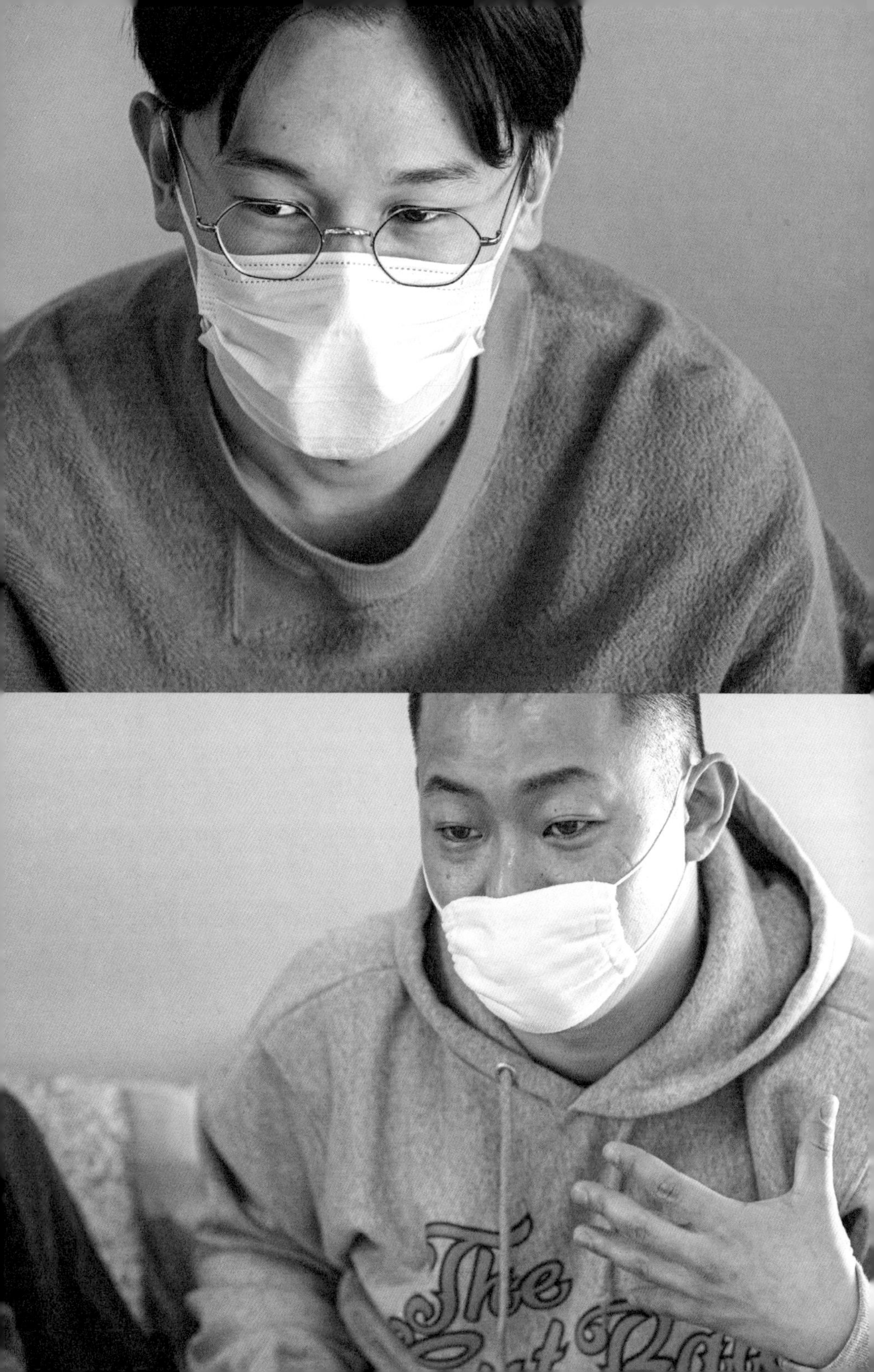
The

グ・オブ・コント』を目指してとか、ネタでライブをやっていきたいっていう気持ちで始めてるんで。それでいまはちょっと遊ばれるようなキャラクターになってきてるからこそ、なおさらネタを急ピッチで仕上げていかないとマズイなと。焦りではないけど、思っていたよりもちょい早いかなっていうのがあって。

——出方というか、露出が思ったよりも早かったってことですね。

林田　基本はうれしいんですけどね。

——酒井さんひとりで呼ばれる仕事も多いですけど、「酒井ばっか注目されてよー」みたいなのはないんですか？「俺だろ、コントロールしてるのは」とかっていうのは、コンビをやっていたら絶対に出てくるわけじゃないですか。そこでひとりのキャラクターが先行するコンビって、どっかでそのバランスが崩れるような気がするんですけど。

酒井　キツイですよ、ひとりは。

——隣にいてほしい？

酒井　いてほしいです（笑）。

林田　まあ、そう言ってくれるのはうれしいですけどね（笑）。でも、どう一緒に出て行ったらいいのか。でもそのぶんボクはライブの台本をやったりとかしてるんで。

——そこで余計にムカつかないですか？「俺が書いてんのに……」みたいな（笑）。

林田　あー、そうですね。たしかに（笑）。でも逆にそこまで考えていなかったかもしれないです。ボクらはまだ出かけのときにピュッと行ってるんで、1回上げられて落とされた感じがないから。普通に名前が売れてうれしいし、そうやって出て行って営業のギャラが上がったりしたらラッキーっていうのもあるし。そういうモチベーションですね（笑）。だから台本を書いたり、ほかの仕事がちょっとだけあるぶん、気持ちが楽かもしれないですね。なんにもなくて舞台も出れなくて、コントもやる気がなくなってとなれば苦しいかもしれないですけど、ネタもやる気はあるし。

——いまのところ、まだバランスは保たれているんですね。

林田　でも今後、もし酒井が海外ロケとかにバンバン行くようになったりしたら、どうしたらいいんだろうとは思いますけど。

——「林田さんは2週間休みです」みたいな。酒井さんはひとりで仕事に行ってるときに、相方のことって考えるんですか？

酒井　ひとりで行ってるときにですか？　考えたことがないです（笑）。

林田　完全に末っ子なんですよ（笑）。たぶんそういう発想がないと思うんですよ。

――自分の芸歴としてのプランというか、何歳くらいでこういうふうに売れたいなとか、そういうのっていうのは?

酒井　ボクは自分で言うのもあれなんですけど、けっこうボケもツッコミもできないので。まあ、ネタではできますけど、普通のときはできないのでただ生きてるだけなんですよ。でも、それで売れてる人を最近見つけて、クロちゃんさんとか。

――そうですね。クロちゃんは生き様ですもんね(笑)。

林田　「ただ生きてるだけだ」って言うなよ(笑)。

――ボケてるわけでも、ツッコんでるわけでもない、ただ生きてるだけだと(笑)。

酒井　だから、ああいう形の芸人さんもアリなのかなとか。

――でも真似ができないから、いちばん強いタイプですよね。

酒井　だから「あまり難しく考えなくてもいいのかなー」とか。

林田　じつはそこを最近確認したことがあるんですよ。そのキャラって、ある意味では覚悟がいるじゃないですか。

――晒さなきゃいけないですよね。

林田　晒すし、ちょっと根っこにある悪い部分とかも突っつかれて引きずり出されてっていう。

――ちょっと出した悪いところが倍増して描かれたりしますからね。

林田　だから「そういうのは覚悟できてるの?」って。ホントにそっちに行き出したときに止めてほしいのか、そのまま泳がせてほしいのか、「どっちなんだ?」って聞いたことがあったんですけど、ずっと悩んだ挙げ句、「まあ、いちおう止めてはほしいかな」って言ってて(笑)。

酒井　いいなとは思うんですけど、ああなったらもうコントは見てもらえないのかなっていうのもありますし。

「同時期に出てきた芸人さんたちはみんなスピード感が凄い。200キロくらい出してて、ボクらはまだ80キロしか出せてないみたいな」(酒井)

――変な見方にはなっちゃいますよね。

酒井　どっちを取るのかはたぶん難しいので。

林田　だからこそ、早めにネタの結果があるといちばんいいですよね。

――林田さん的にはこうなりたいなっていうのはあるんですか?

林田　正直、ボクもそんな緻密にできるタイプじゃないんですけど、ただ、やっぱり東京03やバナナマンみたいな感じでいけたら。

――そうですよね。東京03なんかはネタでメシを食うことができるんだっていう、ひとつの教科書だったような気がするんですよね。バナナマンは最初に日村（勇紀）さんだけがドンと行って、設楽さんはどうするのかなと思っていたら追い抜いて行ったみたいな感じのイメージで、いまはしっかりとテレビMCになってるんで。

林田　そうですよね。でもテレビMCへの興味がってなると。

——最初からあるっていうのはなかなかね。設楽さんも若い頃に「テレビMCをやりたいですか？」って聞かれて「やりたい」とは言っていないと思うんですけど。

林田　とにかく「ネタをちゃんとやれるようにならないと始まらないな」っていう気持ちはブレてないんで。まわりの環境がいろいろと変わってきていても、そこだけはブレてないんで、いちおうそれだけは信じて。あとはなるようにしかならないと思うんですよ。何をいくら計算してもわかんないですし。

——そういう世界ですからね。

林田　「コントでメシを食いたい」とか言ってたらテレ朝で番組が始まったりもして、そんなことを言ってはいたけど予想できていなかったですから。そんなことをこの1、2年で経験したので、ある意味で考えすぎなくはなっているのかもしれないです。それがいいのかはわからないですけど。

——同時期に出てきた芸人たちがいっぱいいますけど、気になります？

酒井　みなさん、けっこう出方が凄いなとは思いますね。たとえばラランドさんだったりとか、空気階段さんしかり、かが屋さんだったりとか。みんな出てからのスピード感がちょっと凄い。200キロくらい出てて、ボクらはまだ80キロしか出せてないみたいな。あれはちょっと飛ばしすぎですよね。スピードを出し過ぎな感じがします（笑）。

——ラランドとかだいぶ飛ばしてますよね。でも根底にネタがやりたいっていうのがあると、そんなには焦らないってことですかね。

林田　そうですね。

——いまはバイトはしてるんですか？

林田　してないです。これはホントに、コロナ前くらいでちょっと無理してバイトを辞めたんですよ。バイトなしでもギリギリ食えるぐらいになったので。

——べつに裕福ではないけどお笑いに集中しようと。

林田　バイトをやっていたときもギリギリでやるようにしないと。めっちゃバイトをし出すヤツとかもいて、ボクはそれが意味わかんないと思ってるんで。でも「よし、いまからだ！」と思ってたら1回貯金がゼロになって、最近またちょっとずつなんとか繋いできてる感じですね。

——酒井さんはバイトをしたことってあるんですか？（笑）。

酒井　い、いや、ありますよ（笑）。ポスティングとか。

――なんでポスティングを選んだんですか？

酒井　もともと寿司屋で働いてたんですけど、そこでの出来具合で仕事を振り分けられるんですよ。寿司を握る人もいれば、デリバリーに行く人もいたりして。それでボクは皿洗いかポスティングだったんですけど、10年ですよ（笑）。

林田　聞いたことないよ、勤続10年って（笑）。

――それはもう寿司屋じゃないですね。ポスティングの仕事ですね（笑）。

酒井　まあ、みなさん得意分野があるんでしょうね（笑）。それを10年やってたんですけど、なんかちょっとその生活が憂鬱になってきて。

林田　わかる、わかる。

酒井　ポスティングをしていると、「チラシを入れたらダメ」って書かれてあるところにはもちろん入れないんですけど、ある家の郵便受けに入れたときにそこのオジサンがポストを開けて見て、そのままビラを下に投げつけて「迷惑なんだよ！」って言われたんですよ。それでボクが「すいませーん！」って言って拾うんですけど、そのときに「ボクはこんなことをするために生まれてきたんじゃない！」って強く思ってバイトを辞めて（笑）。

林田　10年目で（笑）。

酒井　「もうヤダ！」って、それでバイトを辞めましたね。

まあ、そこからは借金でなんとか。

林田　借金って、食いつなげてないじゃん（笑）。

酒井　いや、それでいまやっと借金が……。

――返し終わったんですか？

酒井　いや、借金が増えなくなったというか止まったんですよ。借りなくてもよくなったというか、それで利息も返せるくらいになったんで、これを維持して行けば死ぬまで生きていけると。

林田　借金が残っちゃうよ（笑）。

「親からは『ホームレスになるくらいなら帰ってきていいけど、それ以外はいっさい面倒をみないから勝手にしろ！』って」（林田）

――それでも食えるようになったのは早いですよね。林田さんは筑波大を出てからお笑いの世界に入って、そのときご両親は何も言わなかったですか？

林田　いや、出れてないんですよ。中退しちゃったんで。

――あっ、中退ですよね。でも、筑波大を入るくらいの勉強をしてきたわけじゃないですか。

林田　でも高校入るまではめっちゃ勉強して、その貯金を切り崩してなんとか大学に行った感じなんで（笑）。感覚的には勉強でどうこうっていうモチベーションがないまま大学に行っちゃったんですよ。

——将来はお笑い芸人になろうっていう意識は、大学に入るときにはもうありましたか?

林田　その頃は「お笑いしかないような気がするけど、いまはこの道しかないな」と思って進んで、大学に入ってからジタバタして。

——何学部でしたっけ?

林田　生命環境学群生物資源学類っていう(笑)。別の大学だといわゆる農学部ですね。でも、そういうモチベーションで入ってるから、自分よりもやる気がある人とかがまわりにいっぱいいるのを見ると、ボクはどんどんそれに対して引いちゃうんですよ。「うわー、凄い、凄い……」と思って。全身つなぎを着て来てるヤツとかもいるから「この変態に任せよう」と思って。それでどうしようと思っていたら、とりあえずっていう言い方は失礼ですけど、ラジオ局が近くにあったのでそこで裏方をやらせてもらったりとかして。

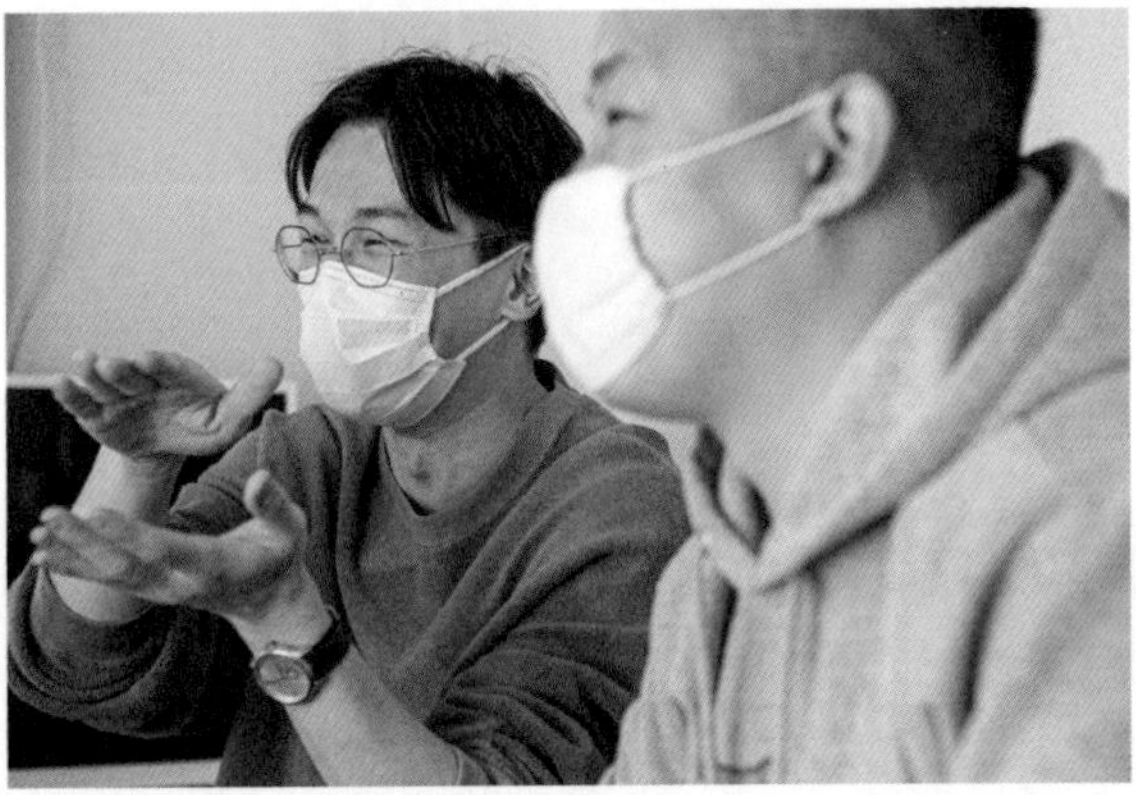

——つくば市にラジオ局があったんですか?

林田　地元のコミュニティFM局があって、ラジオが好きだったんでそこでまず裏方さんからやり出して、そこでよしもとのオスペンギンさんという住みます芸人がいらっしゃって、その番組をやらせてもらうようになって芸人を身近に感じるようになったというか。なんなら「芸人さんってホントにいるんだ」くらいの感じで。それでちょっとずつやりたいなって思うようになって、そこからはぬるーっと。そうなるのに3、4年かかって、その時点で大学も辞めて、最低ですけど親にはほぼ事後報告だったので「なんだそれは!」となって。

——お父さんはお医者さんなんですよね?

林田　そうです。電話で「養成所に行きます」って伝えたら、「もう決めたんだろ。なんだそれ! 勝手にしろ!」って言われて、ボクの中でなんの反論もなかったですね(笑)。だから親からは「ホームレスになるくらいなら帰ってきていいけど、それ以外はいっさい面倒をみないから勝手にしろ!」って言われて、もう何年経ったのかな……。

——えっ、まだご実家に帰ったことはないんですか?

林田　帰ってないですね。

——すごっ! もう帰ってもいいでしょう(笑)。

林田　いやでも、「結果が出たら帰ってこい」ってだけ言われてて、父親もそう言った手前、お互いにちゃんとしたルールを決めてなかったから(笑)。

——「何をしたら結果を出したって言えるんだっけ?」ってことですよね。だからずっと帰るタイミングを逸してるっていうわけですね(笑)。

林田　そうです(笑)。たぶん親は親で「いま許してもいいんだろうか?」って(笑)。だから早めに答えを出さないと。親も高齢と言えば高齢なので。

酒井　だからそれ、セフレみたいな感じだね。

——セフレ?(笑)。

酒井　付き合うタイミングがわからなくなってくるというか。

林田　父親とセフレみたいな関係で……って、ごめん、全然わかんなかった(笑)。

酒井　えっ、ウソ? わかりやすいよ(笑)。

——ボクも全然ピンと来なかったですよ(笑)。酒井さんは親とは仲いいですよね?

酒井　そうですね。お笑いも応援してくれてます。なんなら親父が保育士の免許を取って保育園で働き始めたので「サイン書いてよ」って、そのサインを保育園に飾ったりとか。

林田　そっちはそっちで過大評価してるんですよ(笑)。

酒井　もう結果を出してると思ってて(笑)。

「そんなに人に興味がないのかもしれないですね。ボク自身が人じゃなくなってきているんですよ」(酒井)

大井　最後に、最近「冗談じゃない!」と思ったことってあります?

林田　冗談じゃなかったことってなんだろ。

——酒井さんは怒ることあるんですか?

酒井　ボクですか? あー、怒られたら怒っちゃうかもしれないです。

——相手に合わせて(笑)。

酒井　自分から怒ることはまずないですけど。

林田　ちょうどボクはきのう、ずっと仲良くしている芸人がいて、「話がある」って言われて呼ばれたら「もう辞めようかと思う」って言われて。

——芸人を?

林田　はい。まさにそこで「冗談じゃねえよ!」って言いましたけど(笑)。「ふざけんな!」って。でも、こういうのってみんなのいろんな人生があるからなんも言えないですけど、ボクらってまだほんの数年とかじゃないですか。

——「それであきらめるのかよ!」っていう怒りですよね。

林田　その怒りと悲しみと、「じゃあ、もっと頼れよ」とか。この1年ぐらい相談されたりもなかったし、なんか芸人になったからには恥をかいてから辞めてほしいんですよ。ホントはさらけ出して、もがいて、「俺はここまで考えたけどできない。助けてくれ」って言われたら手を貸すし、そういういろんな恥をかいてやった挙げ句にダメだったから辞めるなら、ボクも「おつかれ!」って言えるんですけど、「そこをやってないだろ」っていう怒りできのうはホントに「ふざけんじゃねえ!」ってなって。なんか悔しいんですよ。

酒井　あー、いいですねー。

——「いいですねー」って……(笑)。

林田　ただ、単純なむかつきだけではないですけどね。「そうだよな……」っていう気持ちもあるし、こんなコロナ禍だし。

酒井　ボクもきのう、その人から電話が来て同じことを言われたんですけど、ボクはあんまダメなんですよ。そんなに人に興味がないのかもしれないですね。だから「もったいないよ」とは言いましたけど、ちょっと胸に手に当てたときに「俺はなんとも思ってないな」って(笑)。

林田　この人はおかしいですよ(笑)。

酒井　人じゃなくなってきてるんですよ(笑)。

林田　ボクはそのとき一緒にいて、もしかしたら酒井が引き止めるようなことを言ってくれるかもしれないと思って、その場でボクがちょっと間に入って電話をしたんですよ。そうしたら意外と10分くらいで電話を切ってて、「あんまり止めてはくれなかった」って言ってるから「なんでだよ!」と思って(笑)。引退の報告をされてるのに、なんなら途中でションベンしに行ってましたもん。

——ヒドイですね(笑)。

林田　それこそラップにはそういう「冗談じゃない!」っていう怒りとかが入ってるんじゃないの?

酒井　怒り……。

——ラップは何を書いてるんですか?　いま、ひとつふたつ見せられないですか?

酒井　いいんですけど、どうなんだろ……。(スマホのメモを見ながら)「言葉の刃 磨いたところで所詮は諸刃 傷をつける前に気づける あのガキも大人 忍び寄る背後 不意打ち喰らった裏切り 深い傷口もプライドのかさぶたで蓋をした 不確かを確実に 見失わない言霊 戻れないなら前 音沙汰なく変える世の中 あの晩塞ぎ込んだのは心じゃなく弱音 過去を脱ぎ捨て吐き捨て もうじき夜明け」。

林田　だからその……なんかバカにもできないっていう（笑）。

――アハハハハ！　そうですね。まああちゃんとした（笑）。

林田　ホントは「おまえ、向いてねえよ！」って言いたいじゃないですか（笑）。だからややこしいんですよ。

酒井　だから自分に対して思いますね。「冗談じゃない！」っていうのは。

ザ・マミィ（THE MOMMY）
プロダクション人力舎所属のお笑いコンビ。スクールJCA24期生として入学し、同養成所の同期として出会う。2016年に林田・酒井・木場（現・大仰天の木場事変）とお笑いトリオ「卯月」を結成。結成後2年目にして『キング・オブ・コント』の準決勝に進出するなど若手有望株として頭角を現すが、2018年8月に解散。同年の『キング・オブ・コント』では準々決勝まで進出していたが、出場辞退となる。2018年9月、林田と酒井によるコンビ「ザ・マミィ」として活動開始。得意のコントネタで好評を博している。
林田洋平（はやしだ・ようへい）
1992年9月10日生まれ、長崎県長崎市出身。主にツッコミ担当。
長崎県立長崎西高等学校から筑波大学生物資源学類に進学するが、在学中にローカルラジオ局のラヂオつくばでディレクターのアルバイトをしたことをきっかけに大学を中退してお笑いの道を志す。
酒井貴士（さかい・たかし）
1991年6月1日生まれ、東京都目黒区出身。主にボケ担当。
バカ殿やテツandトモを愛し、『爆笑オンエアバトル』にも造詣が深い。青春時代に憧れていた小倉優子に会うべく芸人を志し、父親の勧めで人力舎所属となる。お酒やギャンブルが大好きで借金あり。

大井洋一（おおい・よういち）
1977年8月4日生まれ、東京都世田谷区出身。放送作家。
『はねるのトびら』『SMAP×SMAP』『リンカーン』『クイズ☆タレント名鑑』『やりすぎコージー』『笑っていいとも!』『水曜日のダウンタウン』などの構成に参加。作家を志望する前にプロキックボクサーとして活動していた経験を活かし、2012年5月13日、前田日明が主宰するアマチュア格闘技大会『THE OUTSIDER 第21戦』でMMAデビュー。2018年9月2日、『THE OUTSIDER 第52戦』ではTHE OUTSIDER55-60kg級王者となる。

坂本一弘

馬乗りゴリラビルジャーニー（仮）

第7回 選手会議

構成：井上崇宏

（さかもと・かずひろ）
1969年3月4日生まれ、大阪府大阪市出身。
修斗プロデューサー/株式会社サステイン代表。

——現役を引退後、修斗のスポンサーだった石山会長の誘いで越谷のパチンコ屋で住み込みで働くようになって、いわゆるホールスタッフですよね？

坂本　そうですね。もうフィーバーがなんなのかもわかっていない状態だったから、最初は凄く大変でしたよ（笑）。

——社員になってから打つわけにもいかないし（笑）。ちょっと時間を戻しますが、ヒザの負傷で1年のブランクを経て、復帰してからは引退まで負けなし。その間はどのような時間を過ごしていたんですか？

坂本　1994年に1カ月くらいタイに修行に行ったんですよ。現地のジムに住み込みで。

——なぜタイだったんですか？

坂本　修行という意味で、自分のことを知らない場所に身を投じたかったんです。自分はある程度のトップ選手だったから、普段、東京にいたり、ジムにいたり、いわゆる修斗という世界観の中にいると、ぬるま湯というか、慣れというか。「過酷さってなんだろう？」っていう感じだったんですね。もちろん練習の過酷さはあるけども、それはなんとかできる部分だし、それを超えた過酷なものって何かと考えたとき、練習プラス精神的なものも鍛えられる環境なんじゃないかと。それで自分ひとりでタイに行こうと思って。

——自分にさらなる負荷をかけたかったというか。

坂本　それで当時『月刊格闘技探検隊』っていうミニコミ誌があって、その編集をやっていた荒井さんがタイに詳しいからってことで向こうのジムを紹介してもらったんですよ。巣鴨のルノアールで。ジムの名前が3つ書かれた紙をもらったんだけど、全部タイ語だから何がなんだかさっぱりわからないんですけどね（笑）。それでとりあえず飛行機でタイに行って、タクシーの運転手にその紙を見せてジムに連れて行ってもらったんですよ。

——当時だと、衛生面でもなかなか過酷だったんじゃないですか？（笑）。

坂本　いまみたいにジムが綺麗ではないの

で、屋根はトタンで寝床もアスファルトの上にマットレスだけ敷いてある感じだし、ゴキブリが走り回ってるわ、ネズミが足をかじってくるわ、みたいな（笑）。でもすぐに真水を飲んでも平気になりましたね。とにかく暑いから飲むしかないんで。毎朝6時くらいに起きてみんなで5〜6キロ走って、それからミットをやって1時間半〜2時間くらいトレーニングをするんですけど、それが1回終わってからメシなんですね。それでタイのジムって強い順番にメシを食っていくんですよ。

――相撲部屋と一緒ですね。

坂本　そうなんですよ。でもボクはお金を払って練習してるんで「おまえは先に食え」みたいな感じで言われたんですけど、こっちが食べてるところを子どもたちがうしろに立ってじっと見てるんですよ。それで最後のほうの子たちはわずかに残った汁とご飯だけ。凄いハングリーですよね。

――腹いっぱい食べたかったら強くなるしかない。

坂本　ジムから15分くらい歩いたところにセブンイレブンがあったんですけど、ジムの近所でクーラーが効いてるところがセブンしかなくて。あるとき、練習が終わってヘトヘトでセブンに向かってたんですね。それでなんか向こうから凄い圧迫感を感じるんで「なんだろ」と思ってパッと見たら前から象が歩いてくるんですよ。「えーっ!?」と思って（笑）。ごっつい半笑いのオッサンが象の上に乗ってたんですけど、象が通ると道の真ん中で寝ていた犬もさすがにパッと起きて端っこに走って行くんですよ。

――タイの町によくいるガリガリの犬ですよね（笑）。

坂本　さすがバンコクというか、「象見たな〜」と思って。

――「象見たな〜」（笑）。

坂本　それとか練習でケガをしたら、「いい薬があるから薬局に連れて行ってやる」って言われて「これだ、これだ!」って勧められたやつが赤チンだったり（笑）。もう平成ですからね。「効かねえだろ、こんなの……」って思うんだけど「これがいちばん効くんだ」って言うからとりあえず買って。

――まあ、自ら望んで飛び込んだ環境ですからね（笑）。

坂本　ただ、練習はそこそこおもしろかったですね。「サカモトはヒザ蹴りがダメだから直しておけ」って指示された小学生くらいの子が、棒を持ってボクに指導したり（笑）。まあまあ、そんなタイ修行があって帰国してきたら、みんなの様子がどうもおかしいんですね。

――どうおかしいんですか?

坂本　要するに選手側の不満ですよね。ファイトマネーをもらえないっていうので「もうやってられない」みたいな話になっていて。当時、ボク個人はそこに関しての文句はなかったんですよ。「好きなことをやってるんだから稼ぐ方法なんてなんでもいいわけでしょ。バイトでもすりゃいいじゃない」と。だけどみなさんは不満が溜まっているらしくて、聞いたら「とりあえず坂本がタイから帰って来るまで待とう」っていう話になってたんですよ。「なんで俺が待たれなきゃいけねえんだよ?」って思いましたけど（笑）。それで会議が開かれて、ああだこうだって言ってて「コイツら、埒が明かねえな」って思って試しにボクが言ったのは、「なんか新しいことをやるんだったら、とりあえず電話を引かなきゃいけないし、どうしたってカネがかかるんだからさ、後楽園ホールを借りるのにいくらかかるか知らないけど、みんな2、3カ月バイトして20万ずつ出そう。それで大会やろうよ」って提案したら、みんなは「いやー、それはちょっと……」って。「いや、ちょっとじゃないでしょ。新しいことをやりたいんだったらそんなの当たり前じゃない。いいじゃん、みんなでカネを出し合って好きなことやれば。俺らで試合をやればいいんじゃないの?」って言ったら「いや、それはできない」と。「じゃあ、どうすんの?」って聞いたら「いやー、わけわかんないですよ」って。不満はあるけど、まあ建設的じゃないんですよ。

――はあー。要するにクーデター的な動きが選手側にあったってことですね。

坂本　不満の積み重ねでプチクーデターじみたことがあったんですよ。ボクもファイトマネーがもらえないことへの不満はわかるんですよ。わからないでもないんだけど、ないものはないんだから。じゃあ辞めるのか、それとも別の仕事でもしながら好きなことをやっていくのかしかないじゃないですか。論理の裏づけや根拠にしっかりとした考えがないのに不満だけ言うのってフェアじゃないと思うんですよね。でも山田学だけグローブを作ってきていたんですよね。「こんな試作品を作った」って言うんで、「おー。そうかそうか、いいね!」って。

――ちょっと建設的な。

坂本　あのとき唯一建設的だったんですよ。だって「今後、自分たちでやるとして、そのときに修斗のグローブを使うつもりなの?」って話じゃないですか。あれは先生が作ったものだし、すね当てとかも全部そうじゃないですか。もちろんリングだってない。でも独立するっていうのはそういうことですからね。

――そうですね。

坂本　そういうクーデター気味な動きが1回あったんですけど、それは凄く脆弱で非建設的であり、いい言葉が思い浮かばないんだけど、まあ、幼稚ですよね。当時、ボクは22歳くらいだったけど、モノの成り立ちっていうものはなんなのかっていうのは感覚的に理解していたと思います。

――なぜ、修斗というものがこの世に存在するのかということだったり。

坂本　なぜメシが食えていて、なぜ幸せなのか。本来ならみんな修斗をやっていたら幸せなはずなのに不幸になってしまっている。そこで「何かが違う」と思い始めた瞬間から歯車が狂い出しているんですよね。つまり狂わせているのは自分自身でもあるんですよ。やれることがあればいい、もちろんお金がもらえていればいい。でも、これがなくなったら自分はどうなのと。普通にサラリーマンをするの? それとも田舎に帰るの? ってなるじゃないですか。でも「それはない」と言う。「この環境の中でやるしかない」っていう我慢の限界をみんな超えてしまったんでしょうね。

――でも坂本さんのような思考ができる人って、世の中で少数ですよ。

坂本　まあ、ボクの場合は子どもの頃から貧乏だったりしていたのがよかったのかもしれないですよね。早く大人になれたというか。自分が表現できるもの、好きなものを見つけて、それを続けるために何かするっていうのは当然のことだと身に染みてるんですよ。練習と試合だけして食っていけるのがベストだけど、そうじゃなかったら別の手段を考えるしかないんですよね。ただその手段にみんなが疲れ切っていたというのはあると思う。ボクはそこで疲れるっていうよりも、自分を表現できることがあることの確かさに比べたら、ファイトマネーがもらえないなんてどっちでもよかった。先生は言っちゃなんですけど、お金があったらきちんとくれる人なので。ボクもデビュー戦から3戦目くらいまでは凄いもらっていたし、キックとかをやっている子たちが「えっ、そんなにもらえるの!?」って驚くくらい出してくれてたんで。だから、ないものはないんですよ。だけどみんなに言わせると「それがなんなんだ?」っていう。これね、分析してたんですよ。ボク自身は先生に教わっていたから保守本流っていうと言い方がアレですけど、先生との時間というのが強烈にあるんですよね。

——思想プラス、思い入れもあると。

坂本　だから情勢に対する不満とかが常にあるというのは、野党と同じ感じですよね。敵対勢力があるのは悪いとは思わないですし、むしろ大事なんですよ。ただ、民主主義のまずさというか、完璧ではないなと思うのは多数決で51対49という結果が出たときに果たして本当に49のほうはダメなのかっていう。極論ですが99対1でもです。どっちかと言えば社会主義のほうが機能すれば完璧じゃないですか。みんながある程度平等に土地を持って繁栄してっていう。そこで必要以上に私腹を肥やすヤツがいるからダメになるのであって、ある面では社会主義のほうが正しい部分もありますよね。ボクは民主主義の不平等な平等のほうが好きですけど。

——結局、プチクーデターはどうやって終息したんですか?

坂本　そうこうしているうちに佐山先生が龍車グループをスポンサーに持ってきてくれたんですよ。それでファイトマネーが出るようになってチャンチャンっていうか。そのあと『バーリトゥード・ジャパン』を開催して、UFCでホイス・グレイシーが「兄は自分よりも10倍強い」って言っていたヒクソンを、USA修斗代表の中村（頼永）さんが間に立って呼んでくれたりとか、エンセン井上が修斗に来ていろいろと技術を教えてくれて柔術と融合していくっていう。だから佐山先生が新日本プロレスに来ていたブラジル人のイワン・ゴメスから聞いていたバーリ・トゥードというものと、佐山先生自身の理念だったり、時代の波、資金力っていうのがここに来てやっと集約されたって感じですね。

——1994年7月。

坂本　あそこである種のピークを迎えたんだと思いますね。

TARZAN by TARZAN

ターザン バイ ターザン

TARZAN YAMAMOTO

INTERVIEW SERIALIZATION

はたして定義王・ターザン山本！は、ターザン山本！を定義することができるのか？「女子中学生にまで俺がキャバクラを出禁になったことが届いてるわけですよぉ！　キャバクラを出禁になり、ターザンカフェという生命線を失い、二重のショックですよ！　経済的ショックと精神的ショックのダブルショックですよぉぉ！」

VOL.020

絵　五木田智央　聞き手　井上崇宏

第二十章

キャバクラ出禁事件の真相

「どうして天下のヤフーがあんな馬鹿げたニュースを載せたのか、俺には不思議でしょうがないよ!」

――山本さんはターザンカフェが終わって金銭的にややピンチになったわけですけど、糖尿病や肝臓病とも引き続き付き合っていかなきゃいけないわけですよね。

山本　いや、この歳になると不思議なものでね、もはや現代人にとって糖尿病は決定的な病気ではないんですよ。要するに持続的病気なわけ。そりゃガンにでもなったら切羽詰まるけどさ、糖尿病とは長く付き合っていけばいいんよ。だからべつに俺は病気だとは思っていないんよ。糖尿病との付き合い方は学んでいるから、インシュリンは打つし、血糖値も毎日測るし、いまは血圧まで測るようにしているからね。その数値を見ながら、「昼にあれを食べたから、夜ここでこれを食べるのはやめておこう」っていうさ、そういう感じで俺は糖尿病との付き合いがうまくなったんよ。

――糖尿病はもはや恐るるに足らないものなんですね。

山本　こう見えて俺は意外と細かくコントロールしているので、糖尿病との付き合い方が習慣化したわけですよ。だけどみなさんは60歳や70歳になると、「どうせ先がないから」っていうのでそんなに細かく自分をコントロールしないわけよ。

――向き合い方を疎かにしてしまう。

山本　食事とかめちゃくちゃにしてしまったり、酒を飲んだりとかしてしまうわけですよ。俺はそれをしないんよ。だから肝臓病になってからは酒は1滴も飲んでないもんね。薬も絶対に飲んでるから、γ-GTの数値も900からガーッと100くらいまで落ちたんよ。

――「ガンマジーティーが下がった」と言われてもピンとこないですけど、とにかく良好なわけですね。

山本　だから俺は病気のほうはまったく大丈夫なんです。ご心配なく。

――わかりました。あと、昨年末にネットでも話題になりましたけど、お酒を飲まない山本さんが行きつけのキャバクラを出禁になったということで(笑)。

山本　ああっ、それは史上空前の話題になったんよ!(笑)。きのうも立石の駅前の青木珈琲に行ったらさ、ほかのお客ふたりくらいから声をかけられて「キャバクラを出禁になったんですよね!?」って言われたわけですよ! それで「なんで出禁になったんですか?」と。俺は出禁になった理由を表ではしゃべっていないでしょ? とにかくみなさんはそのキャバクラ出禁事件をめちゃくちゃおもしろがってるわけですよぉ!

TARZAN by TARZAN

――そりゃそうですよ。あんな馬鹿馬鹿しいニュースはめったにないですよ。

山本　どうして天下のヤフーがあんな馬鹿げたさ、どうでもいい下の下のニュースを載せたのか。俺には不思議でしょうがないんですよ！

――あっ、ヤフーニュースにも出たんでしたっけ？（笑）。

山本　最初に取り上げたのは東スポですよ！

――いろんな媒体があげているニュースの中からヤフーが取捨選択して載せるわけですよね。だからヤフーの担当が東スポの記事を見て、「なんだ、この事件は!?」ということで掲載したんですね（笑）。

山本　あれには困ったというか、うれしかったというかさぁ。もうひとつは、その大元のニュースを書いた東スポと俺はそんなに仲がいいわけじゃですよ。むしろ仲が悪いというか、週プロ時代から付き合いがまったくないんですよ。その東スポがね、俺のツイッターをチェックしてたのかってなるわけでしょ。チェックしてなきゃ記事なんて書けないんだから。だから「東スポに届いたんだな！」っていうのもちょっとうれしかったというかね（笑）。東スポにウケたっていうこと自体はうれしかった！　でも、それがまさか天下のヤフーに飛ぶとは思っていないわけよ、こっちは！

――かなりおもしろかったですけどね。『ターザン山本氏が行きつけのキャバクラ出禁に。〝ルール違反〟判定に逆ギレ』（笑）。

山本　今日の昼間だって、知り合いに焼肉ランチで家に招待されたんよ。そこにいた女性と男性、ふたりともキャバクラ出禁の話を俺に聞いてきたからね。あるいは熊野神社の宮司としゃべっていても、その宮司さんはニュースを知らなかったんだけど、中学生の娘さんから「この記事の人ってお父さんの友達でしょ？」と言われて知ったらしいんだよね。

――「あのいつも来るオジサンでしょ？」と（笑）。

山本　つまり女子中学生にまで俺がキャバクラを出禁になったことが届いてるわけですよぉ！（笑）。俺はそのことにいちばんビックリしたんよ！

「気に入った女のコがいたら、誰とでもLINEの交換くらいしてもいいじゃないか」

――じゃあ、そのキャバクラ出禁事件について詳しく教えてください。まず、どこのキャバクラなんですか？

山本　（急に立ち上がって）いや、そこは俺にとっての完全シークレットスペースだから、場所とか店の名前を明かすわけにはいかないんですよ！

――すみません、教えていただかなくてけっこうです。

山本　（ドカッと椅子に座り）とにかく、なんで俺が出禁になったかと言えば、そのキャバクラで俺はAという女性を本命にしていたんですよ。だけどいろいろあって、ちょっとBに乗り換えたんよね。

——いろいろ何があったんですか？（笑）。

山本　えっ？

——AからBに乗り換えるまでに何があったんですか？

山本　まあ、ちょっと気に入らないことがあったんですよ！　まずね、Aは3カ国語くらいしゃべれるんですよ。東ヨーロッパの言語がしゃべれたりしてさ、翻訳の仕事なんかもしているインテリなんですよ。だから俺とは昔の映画の話とかも合ったわけ。俺は彼女のことを非常に気に入ったんですよ。もうドハマリだったわけですよ、俺ぇ！

——山本さん、インテリ好きですもんね。インテリじゃない女も好きだけど（笑）。

山本　それであるとき、Aを相撲に誘ったんですよ。

——国技館に？

山本　いや、相撲じゃなくてインディーのプロレスの興行だったか。俺、そこでAに「花束嬢をやってくれないか？」と頼んだんよ。それで彼女もオッケーしたんだけど、直前になって「やっぱり用事があるから行けない」って言ってきたんよ。

——ドタキャンだ。

山本　俺はそれにカチンと来たんだよね！　それで俺は別の女、つまりBに乗り換えたんよ。

——カチンと来て。

山本　でも、その乗り換えるっていうことがキャバクラではやってはいけない行為なんですよ。

——あっ、そんなルールがあるんですか。同じ店の売り上げになるのに？

山本　そう思うでしょ？　でも指名していた女のコを途中で乗り換えるっていうことをやったら、舞台裏で「なんで私の客を奪ったの！」って女同士のもの凄いバトルが始まるんよ。それを店長はいちばん嫌うわけ。

——山本さんはそのルールを知っていながら指名のコを乗り換えたわけですか？

山本　だから俺がAという……あっ、違う、Xだ。

——なんで3人目はCじゃないんですか？（笑）。

山本　いや、Xは別のキャバクラの女のコだから。

——なるほど、わかりやすいです。

山本　俺、別のキャバクラでXという女のコを指名したんですよ。でも、そのXは非常に人気があるから場内指名でほかの客に取られるわけですよ。そうしたらヘルプのコが来るじゃない。そのヘルプは横には座らずに向かいに座るわけだけど、俺はそのヘルプのコに対して「あっ、このコいいじゃん！」っていう直感が働いたんよ。それで俺はすぐに「キミ、メール交換しない？」って。俺はキャバクラで気に入ったコとはメール交換するタイプなんよ。

――そういうタイプなんですか。メールっていうかLINEですよね？

山本　そう、LINE交換。そうしたら「私はヘルプです」と言うわけですよ。

――「ほんの通りすがりの者です」と。

山本　「ヘルプはお客さんとLINE交換したらいけないというルールがあるので教えられません」と言うんよ。それには俺はビックリしたよ。あくまで俺は客なわけだから、気に入った女のコがいたら誰とでもLINEの交換くらいしてもいいじゃないかって思っていたんだけどさ。だけどキャバクラではそれをやったらダメなんよ。それを知ったとき、俺はもの凄くショックを受けたんだよねぇ。

「俺の友達が年末に俺と店長を会わせたんよ。要するに和解させようとしたんだけど……」

――そのときにそういうルールがあることを知ったと。

山本　だから俺がAからBに乗り換えたというのも非常にご法度だったわけですよ。そのうちにAが店を辞めたんよ。その店に何年も働いていたのに。

――なんで辞めたんですか？

山本　それはどうやら俺が原因みたいなんだよね。

――ウソでしょ？

山本　何が？

――なんで山本さんが原因なんですか？

山本　たぶんね、ずっと俺と親しかったのに突然Bのほうに行かれてしまったから、それで嫌気が差したのかどうか、本当のことはわかんないよ？　でも、とにかく彼女が店を辞めたんよ。だからそのことが店長の頭の中にはあるわけ。

――「あの珍妙な格好をしたジジイのせいで……」と（笑）。

山本　「あのターザン山本がウチのエースのコを辞めさせた」っていうのがあるわけですよ。まあ、そんなことは知らずにのちに俺はBを本命にしたわけですよ。

――Bを寵愛し始めたと。

山本　Aはキャバクラが本職だったんですよね。だから毎日店に入っていたわけ。ところがBはダブルワークで、昼間は別の仕事をしていて店には週に1、2回しか出ないわけですよ。だから俺が行った日に彼女がいないってケースがあるんよね。そうしたら別の女のコが付くわけですけど、俺はまたそのコを気に入ったんよ。そんな感じで本指名じゃないけど、気に入ったというコがふたりできたんよ。

――CとDだ。Bがいない日にCとDというお気に入りを見つけたわけですね。

山本　CとDのふたり見つけたわけですよぉ！　つまり俺は

その店で3股をかけていたわけですよ。

――モテ男みたいに言わないでください。

山本　それである日、俺はBと1回同伴したんですよ。

――なんだかんだ言って本命はB。

山本　本命なんだけど、やっぱりBは週に1、2回しか店に出ないからそんなには会えないわけですよ。でもCとDはよく来るから会うわけですよ。それである日、BもCもいないときがあって、3番手のDだけいるときがあったんですよ。それで俺はDに「同伴しよう」と言ったわけですよ。そうしたらDもオッケーしたんだけど、そのことを一応店長に報告したんよね。そうしたら「彼女はいちばんの新人なので同伴することは許されません」と。それと「Bのためにもそれをやったらダメだ」と。だからDを同伴に誘った瞬間に、ターザン山本はそのキャバクラを出禁になったんよ。

――そうだったんですね。「あの客はそんな動きをしてるのか！」と。

山本　「隠れてそんなことをやってるのか！」っていうさ。

――ちなみに出禁ってどんなふうに告げられるんですか？

山本　直接じゃないんだよね。ある人から「山本さん、あのキャバクラ出禁になりましたよ」って言われたんよ。

――つらい（笑）。その人は山本さんと一緒に店に行っていた仲間ですか？

山本　うん。でも不思議なんですよ。俺はBとCとDの3人とはいまでもLINEをしているんですよ。

――すな！（笑）。LINEで近況報告とかやってるんですか？

山本　「おはようございます」とかさ、「寒いですね」とか（笑）。

――まあ、そのコたちもいつよその店に移るかわからないですもんね。また会えるかもしれない。

山本　そうそう。それで俺の友達が年末に俺と店長を会わせたんよ。要するに和解させようとしたんよね。でも店長は頑固で「絶対にダメです！」と。

――よくできた店長ですね（笑）。

山本　うん。だからキャバクラではいったん本指名をしたら浮気はできないよというね。でも本指名したコよりももっと魅力的な女のコっているじゃない！　こっちはいろんな人に会いたいじゃない！　なのに場内指名はできるけど本指名をさしおいてはできない！　そういう暗黙のルールがあるわけですよ！　前も俺が横浜のキャバクラに行ったときにSという女性を指名したんだけど、次に行ったときにTを指名したら、もうすぐにSから絶縁状が来たもんね。「心変わりしたの!?」ってもの凄い抗議が来たんよ。そのことをある人にしゃべったら、「中国でもそうだよ」と。

――中国？（笑）。

山本　その人が中国のナイトクラブみたいなところに行ったとき、ある女のコを指名したんだけど、またあるときに別の女のコを指名したら、店を出たときに最初に指名していた女のコが待ちかまえていて文句を言ってきたらしいんよ。

「普通は女のコに過剰に触ったとか、ストーカーをしたっていうと出禁になるわけですよ。でも俺は触ったことは一度もないからね！」

——じゃあ、国際的なルールなんですね。

山本　昔の吉原ではそういうのを「馴染みの客」って言っていたんですよ。1回行って気に入って表、2回行ったら裏返って馴染みの客になると。そうするとほかにはもう行けないと。だから相手はこっちに馴染みの客になってほしいし、こっちとしても馴染みになるとふたりの関係が強固になるんだよね。それが昔の吉原のルールだったらしいよ。そこと永遠に繋がってるルールなわけ。

——で、山本さんはそのルールを前から知っていたわけですよね？

山本　もちろん暗黙ではわかってますよ！

——暗黙っていうか、ハッキリとわかっていたわけですよね（笑）。

山本　わかってるよ。

——なのに、なんで違反しちゃったんですか？

山本　だって、いろんな女のコと触れ合いたいんだもん。

——だって（笑）。

山本　ハッキリ言うよ、本命Bは28歳だったんですよ。Cはハタチで、Dは21歳。

——ハッキリ何を言うのかと思ったら年齢。

山本　だって若いっていうのは素晴らしいよぉぉ！　若い人の感覚って凄いもん。28歳の人は美容整形で働いていて、ひとりは学生で、もうひとりはアパレルですよ！　その3人ともガールズトークができるからおもしろいわけですよ。

——リアルにガールですからね。

山本　そのガールズトークを通じて、いまの女性たちの生活状況や心理状況がわかってくるわけで、それを聞いていたら楽しいんですよ！

——女のコたちの実態を知ることが、山本さんにとってのキャバクラの醍醐味というか、楽しみ方なんですね。

山本　そうそう。そうして彼女たちとの会話を楽しんでいるわけですよ。「キミはこういう形で一生懸命に生きてるんだな」とか。故郷を離れてひとりで都会に出て来て、ひとり暮らしをしてね。そこに俺は非常に興味を持っているわけですよ！だからキャバクラに行って口説こうとか、そういう気持ちは俺にはないわけですよ。なぜなら口説けないから！　ハッキリ言えば向こうは仕事、ワークだから。

──あっ、そこはちゃんと認識しているんですね。

山本　しっ、知ってますよぉ！　彼女たちは完璧にワークなんだから！　でもさ、なんとか口説き落とそうと思って毎日通っている野郎もいるわけですよ。あるいは行ってすぐに電話番号を教えろ、住所を教えろって言うヤツもいるわけですよ。そんなのは彼女たちからすればウザいじゃない。

──まあまあ、そうですね。

山本　だから普通は女のコに過剰に触ったとか、ストーカーをしたっていうと出禁になるわけですよ。でも俺は違うからね！　俺は触ったことは一度もないからね！

──触れずして出禁（笑）。

山本　そうですよ！　なんで出禁になるんだよ!?　おかしいじゃないか、それぇ！

──山本さん、くだらないです。

山本　へっ？

──くだらないですよ！（笑）。

山本　いや、あのさ、そのくだらないことがいいわけですよ！　俺がくだらないからみんな楽しんでるわけですよ！

──そうやって二次的にみんなに楽しんでもらえるのは、山本さんにとっては喜びですか？

山本　めちゃくちゃ喜びだよ！（笑）。だって、みんな目をキラキラと輝かせて「なんでキャバクラ出禁になったんですか？」って聞いてくるんだもん。その話題で一気に距離が縮まるもんな。親近感がわくもんね。

──たしかにその瞬間は人気者になれますからね（笑）。

山本　俺、過去にマット界の出禁はあったよ。取材拒否というね。それは何回もあるけど、まさかキャバクラで出禁になるとは思ってなかったよぉ。でもさ、こういうニュースになることはいいことだよね。

──偉い！　ボクも歳をとったらおもしろオジサンみたいになって、近所中で変なあだ名をつけられて笑われていたいですよ。それを山本さんはまさにいま実践しているわけですもんね。

山本　キャバクラを出禁になり、ターザンカフェという生命線を失い、二重のショックですよ！　経済的ショックと精神的ショックのダブルショックですよぉぉ！

──キャバクラとカフェが出禁（笑）。

山本　キャバクラとカフェの二重奏ですよ！

「ハタチくらいの女のコとLINEして遊んでるなんて、俺の同世代にはひとりもいませんよぉ」

──山本さん、昔は歌枕力という右腕がいたじゃないですか。いま、そのポジションにいるのが柴田和則くんって人ですか？

山本　ああ、柴田？　彼は最後まで谷川貞治にくっついて、谷川がやっていた巌流島を手伝っていた男なんだよね。英語がしゃべれるから非常に重宝するということで。

――英語がしゃべれるんですか？

山本　ペラペラですよ！（急に小声になり）なぜかって言うと彼はオーストラリアにずっといたんですよ。要するに帰国子女なわけですよ。実家は秋田だけどね。英語がペラペラだから巌流島で外国の選手のブッキングとかいろんな事務的なことをやっていたわけですよ。それとあれも手伝っていたわけ。山口日昇の、ほら。

――あっ、SEI☆ZAですね。

山本　そう。そこでも選手の交渉役をやっていたんよ。

――っていうことは、彼は元ローデスの社員なんですか？

山本　そうそう。

――じゃあ、ボクの後輩筋じゃないですか。

山本　そうだよ。それで谷川と山口の下で参謀的なことを彼がずっとこまめにやってきたんですよ。秋田県人だから。

――我慢強いと。

山本　我慢強い。そして非常に忠実でズルはしないタイプ。秋田だから。

――愚直だ。

山本　いや、愚直というか頭がいいんですよ。非常に秋田っぽさのないスマートな一面も併せ持っているんですよ。前に山口が『大武道！』っていう雑誌を出したじゃない。あれの制作をやったのも柴田ですよ。あれを俺も一緒になって作っているうちに、俺と柴田の相性がいいっていうのがわかったんですよ。それでお友達になったんです。

――それでターザンカフェが終わるとなったときに、noteやVoicyをやりましょうよと提案してきたのがその柴田くんですか？

山本　ハッキリ言って、Voicyをやろうと言ってきたのは柴田ですよ。そしていま彼が管理をしてる。でもnoteは、ターザンカフェで俺が書いた原稿をアップしていたシンジローくんが管理してるんよ。

――引き続きで。

山本　彼が引き続きやっているわけですよぉ。柴田くんがVoicy、シンジローくんがnoteという二重奏でね。

――そのシンジローくんっていう人も、昔から山本さんの近くにいるじゃないですか。何者なんですか？

山本　かつて俺は『サイゾー』で音楽批評の連載をやっていたんですよ。

――なんかやってましたよね。

山本　彼はあれを読んで、「これは凄い人だな！」となったんですよ。そして、その頃に俺は文章講座の生徒を募集していたので、そこに紛れ込んで来たと。つまりプロレスのことはまったく知らない状態で、サイゾーが仲立ちで来たわけですよ。あのとき文章講座には『サイゾー』を読んで来たって人がふたりいたんだけど、ほかの人はみんなプロレスファンだから、なかなか折り合いが悪かったわけ。でも彼は一橋大学出身なんですよ。

——げっ！

山本　超エリートですよ！　おじいさんも一橋で、お父さんも一橋ですよ！　そしてお兄さんは東大っていう超エリート家族なんですよ！　だけど彼はうつ病みたいになって大学に行っていなかったんですよ。そんなときに俺のところに文章を習いに来たので、俺は「おまえは大学を卒業する必要なんかない。このままでいろ。一橋なんてどうだっていい！」って言ったんよ。だけど、ほかの仲間の生徒たちはみんな「いや、卒業はしたほうがいいよ」って言いまくっててさ、俺だけがちゃんと大学に通うことを反対してたんよ。そんなことをしているうちに彼とも親しくなって、いまも俺にくっついているわけですよ。

——そうなんですね。

山本　それで、そのあとターザンカフェの管理を彼がやってくれていたんですよ。だから俺は彼に1カ月いくらってお金を払っていたわけ。

——じゃあ、彼はサラリーマンとかではないんですか？

山本　サラリーマンなんて1回もやったことがない。ただ、お父さんはもう亡くなられたわけですよ。お父さんは昔、某銀行の偉い人だったんだけど、いまはお母さんとお兄さんと3人で暮らしてる。そのお兄さんも量子力学の本を出したりしている超ハイレベルな人ですよ。

——東大卒の人ですね。

山本　とんでもない男ですよ！

——それで弟はターザンカフェと。

山本　いや、シンジローも自分で会社を起こして大成功してますよ！

——あっ、シンジローも？

山本　非常に大成功ですよ！

——自分で会社を作って成功を収めつつ、ターザンカフェの原稿を打っていたんですか？

山本　だからそれは彼にとっては趣味だよね。遊びみたいなもんですよ。

——ああ、セルフマネージメントがうまいんでしょうね。

山本　プライベートでの俺との関係を切らずに、かつビジネスでも成功しているわけですよ。そうして彼がビジネスで成功した理由がひとつあるんですよ。なんだと思う？

——そういうクイズ形式、嫌いなんですよ。

山本　（急に小声になり）彼は外国人をビジネスパートナーにしたんですよ。その外国人は営業が非常にうまいんですよ。もうガンガン営業して、そして成功したというのが答えですよ。

――当てられるかっ！（笑）。

山本　ブラジル人ですよ。

――ブラジル人ですか。

山本　それで今回、ターザンカフェが終わって俺が窮地に立たされたということで、シンジローくんが「noteをやりましょう」って言ってきたわけですよ。だからターザンカフェを受け継いで日記とコラムを書き続けていきましょうっていうさ、それはシンジローくんが善意でやってくれているんよ。だって俺はそこで彼に払えるギャラはないもん。ただ、noteは投げ銭が来るらしいので「それはおまえが勝手にやっておけ！」っていうね。どうせたいしたお金じゃないだろうから（笑）。

――はした金はおまえにやると（笑）。

山本　そうそう。だから柴田とも「Voicyで成功したら儲けは半分半分にするからな」っていう条件でやってるんよ。だけどさ、Voicyってやってるのは有名人ばっかかなんですよ。だけど参加の申請をしてみたら「これはおもしろい」ってことで通ったわけ。

――審査が厳しいんですか？

山本　だってあれ、申請しても1パーセントしか通らないらしいよ。それくらい凄く厳しい審査があるんだけど、なぜか俺は奇跡的に通ったんよ。だってあれはホリエモンとかさ、はあちゅう、青木真也とかしか通らないんだから。まあ、でもLINEが楽しいよ。井上くんもやったほうがいいよ。

――LINEはもう何年も使ってますね、さすがに（笑）。

山本　そんなね、ハタチくらいの女のコとLINEして遊んでるなんて、俺の同世代にはひとりもいませんよぉ（笑）。たとえば「今年のお正月は田舎に帰ったの？　キミの家には犬がいるでしょ。どうしたの？」って聞いたら「やっぱり今年は田舎に帰りませんでした」って、そういう楽しいやりとりをしているわけですよぉ。

――楽しいかな、それ（笑）。

山本　それとか、「両親がお年玉を送ってきたんです」と。「そのお金、どうしたの？」って聞いたら「北海道のカニをネットで注文して、食べたらおいしかったです」とかね。そういう有意義なやりとりを俺は毎日LINEでやっているわけですよぉ。それがプライベート・サバイバルを生き抜く戦士の束の間の休息っていうかね。

ターザン山本！（たーざん・やまもと）
1946年4月26日生まれ、山口県岩国市出身。ライター。元『週刊プロレス』編集長。
立命館大学を中退後、映写技師を経て新大阪新聞社に入社して『週刊ファイト』で記者を務める。その後、ベースボール・マガジン社に移籍。1987年に『週刊プロレス』の編集長に就任し、"活字プロレス""密航"などの流行語を生み、週プロを公称40万部という怪物メディアへと成長させた。

ジョニー・バレンタインはワシントン州シアトル出身のポーランド系アメリカ人。

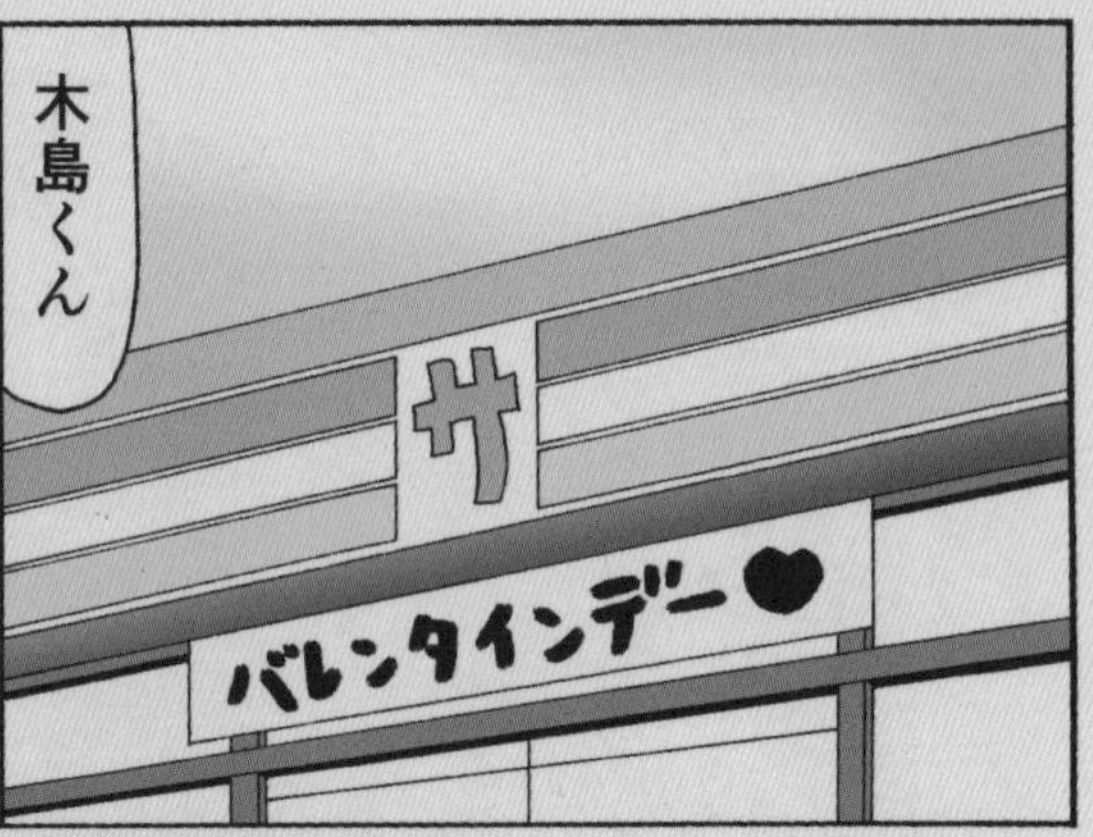

君は誰かに
チョコレートあげたりするのかい？

はあ？
それってセクハラですか？
まさか

店でチョコ売ってるわけだから
ちょっと聞いただけだよ

仮面サンクス

第76話 バレンタインの罠

吉泉知彦

パンサーキッド
これあげるわ
バッ

ブラックバス……
わりいな今年もくれんのか

こんな高そうなやつ

おまけまであるし
そのうち飯でも食いに
びっ

行こうか
ぱくっ

パンサー
それ…

何食いたい？
ん？
もぐ
もぐ

うげえ
ぺっぺっ

なんだこりゃあ
せっけんじゃねえか
CLASSICO
COLLECTION
SOAP

てめえ
罠に掛けやがったな
おええ
知らないわよ
まさか食べるなんて

うまそうなパッケージしやがって
ポワ
ポワ
間違うに決まってんじゃねえか

フワ
フワ
……

フワ
フワ
……

KENICHI ITO

涙枯れるまで泣くほうがEマイナー

VOL.03

“もっとも闘いたくない男” 藤井伸樹

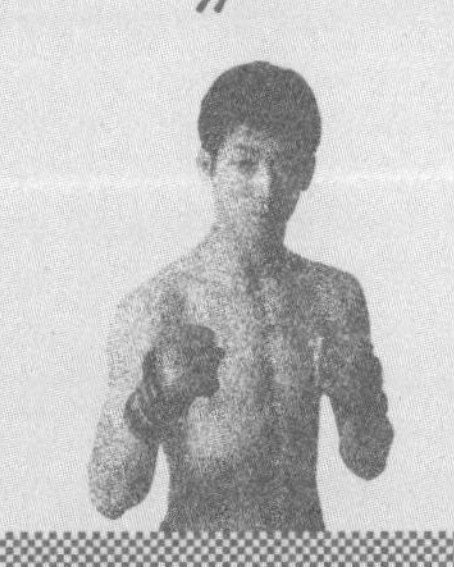

伊藤健一

（いとう・けんいち）
1975年11月9日生まれ、東京都港区出身。格闘家、さらに企業家としての顔を持つため“闘うIT社長”と呼ばれている。ターザン山本！信奉者であり、UWF研究家でもある。

『KAMINOGE』読者にぜひ覚えてほしいファイターがいる。

現在、修斗を主戦場とし、世界バンタム級4位。毎試合激戦を繰り広げ、いま格闘技界で「もっとも闘いたくない男」と言われている藤井伸樹選手だ。私は藤井選手とは長い付き合いなので、以降は「ノブキ」と呼ばせていただく。

ノブキとの出会いはかれこれ10年以上前になる。当時、私は高阪剛主宰のアライアンス所属だったので、同じ所属の若手ファイターの試合を会場に観に行ったときのことだ。

その若手はそれなりに強い選手であり、対戦相手は名前を聞いてもピンとこない選手だったので、たぶん楽勝なんだろうと戦前は思っていた。

実際、序盤から予想通りの展開になり、かなりの楽勝ムードが漂うも、終盤になると対戦相手が驚異の粘りで盛り返してきて、結局ギリギリの判定でウチの若手が薄氷勝利をつかんだ。

「あの対戦相手、強いのか弱いのかよくわからん変なヤツだなー」との感想を抱いたが、その数日後にそいつがなぜかアライアンスの道場にいた。

それがノブキだった。

より良い練習環境を求め、所属していたジムを退会してアライアンスに入会してきたらしい。そんな行動を取るなんて、意外と格闘技への熱意と根性があるのかも、と思ったのがそのときのノブキに対する印象だった。

性格的には普通にアキバにいそうなコミュ障の青年だったので、当時の副代表（各自調査）からは「気持ち悪いヤツだな」と嫌がれてはいたが、私にとっては階級も同じで、いつジムに行ってもかならずいるノブキはすぐにいちばんの練習相手となった。

当時は私もアメリカまで出稽古に行くほど格闘技に燃えていたので、現地で仕入れたばかりのテクニックや練習方法をノブキを相手に試していた。

ジムが休館日でも、よくノブキを呼び出して練習をしていたが、彼は嫌がらずに練習に付き合ってくれた。呼び出した日は、練習帰りにふたりで六本木のハーブスでケーキを食うのがお決まりだったので、それが目当てだったのかも知れないが（笑）。

だが、練習でのノブキはめちゃくちゃ弱く、何が得意なのかもよくわからないので、「コイツはどうやって試合に勝つんだろう」と心配になるほどだった。スパーリング中も技が決まってもいないのにすぐにタップをしてしまうので、「もう少し粘って」と何度となく注意をしていたほどだ。

しかし気づくと、私がアメリカで実際に教えてもらい仕入れてきたテクニックは、私よりもノブキのほうがうまく使いこなせるようになっていた。

ノブキの試合のセコンドにつくと、リング上で見る彼の背中は江ノ島の海でよく見る若者の薄っぺらい背中のように見えた。練習のときよりにさらに弱そうで心配になった。おそらく、対峙している対戦相手もそう思っていたと思う。

案の定、試合が始まると対戦相手も完全に飲んでかかってくるのか、序盤から猛攻を受けて大ピンチを迎えるのだが、ノブキはゾンビの如く蘇り、逆に相手をヘロヘロにさせて逆転勝ちを収めるのであった。その頃から「コイツは何か凄い才能があるのかも知れないな……」と思うようになった。

現在でも一緒に練習をすると、昔とまったく変わらぬ弱さで、「こんなんで試合で勝てるのかなー」と心配になるし、対戦相手もどんどん強敵になって行くのだが、ノブキの試合展開は昔とまったく同じだ。序盤にピンチを迎え、やられそうになるも、最終的には相手がヘロヘロとなり勝利を勝ち取る。

出会った当初はコミュ障だった青年も、現在はジムの多くの会員さんが彼を尊敬の目で見ていると思うし、いまや光栄にも宇野薫さんが監修を務めるONE HUNDRED ATHLETICのサポート選手となっている。

試合後は毎回SNS上で絶賛されまくり、〝もっとも闘いたくない男〟というニックネームも格闘技界でかなり浸透してきた。

大井洋一の出場したアウトサイダー九州大会の夜、遊びに行った中洲の店で、ホステスさんとノリノリでデュエットを歌いまくり、大井から「ノブキ、おまえ、なんでこんなに歌を知ってるんだ……」と驚愕された。

公私共に非常にいい状態にあると言っていいだろう。これまでRIZINに出場している選手も何人も倒しているので、今年の大晦日はぜひノブキの試合が観たい。

私はノブキとあるひとつの約束をしている。

じつはノブキが以前所属していたジムは、かつてあった桜庭和志主宰のラフター7。当時、ラフター7の忘年会で催されたジャンケン大会で、なんとノブキは桜庭カシンの本物のマスクをゲットしているのだ。

その忘年会には井上編集長も参加していて、そんなお宝の価値をまるでわかっていない弱そうな若者がマスクをゲットして、大ブーイングが巻き起こっていたと証言する。

じつは「ボクがチャンピオンになったら、そのマスクを健一さんにあげます」とノブキから言われているのだ（言わせた）。

早くRIZINに出場して、ゾンビファイトで人気者となり、そしてチャンピオンになって俺に桜庭カシンマスクをくれ、ノブキ。

マッスル坂井と
真夜中のテレフォンで。

2/9

MUSCLE SAKAI DEEPNIGHT TELEPHONE

日刊工業新聞を読めば何か業界の潮目がわかるんじゃないかと思って毎日読んでるんだけど、ひとりで読んでいても頭に入ってこないから、Ｃｌｕｂｈｏｕｓｅでブツブツ言いながら読んでます。

「クラハ回し屋って偉いんですか？なんですか、クラハ新潟県人会って」

──１月末にＣｌｕｂｈｏｕｓｅが日本に上陸したばっかりですけど、さっそくスーパー・ササダンゴ・マシンっていうアカウントの人が「日刊工業新聞をひとりでブツブツ言いながら読む部屋」っていうのを毎朝やってまして（笑）。

坂井　はいはい、知ってる（笑）。

──あれはなぁに？（笑）。

坂井　まず俺がＣｌｕｂｈｏｕｓｅに注目したところはね、朝というか午前中はあまりユーザーがいないじゃないですか？　逆に夜になると混沌としていてめちゃくちゃいろんな部屋があるんですけど。それで夜だからみんなけっこうくだけてるんだけど、こっちはそんな知らない人の話を夜遅くに聴きたくないし、もしも会話に入らされたりしたら嫌じゃないですか。

──ああ、「リングに上がってこい」的に。

坂井　うん。でもやっぱり新しいツールには触れておきたいっていう気持ちがあるので、そうなると私は朝８時には会社に出社しておりまして、どっちみち日刊工業新聞を毎朝読んでるんですよ。

──金型工場の社長としてのモーニング・ルーティーンね。

坂井　そうなんですよ。日刊工業新聞を読めば何か業界の潮目がわかるんじゃないかと思って。ただ、ひとりで読んでいても頭に入ってこないから、Ｃｌｕｂｈｏｕｓｅでブツブツ言いながら新聞を読むっていう（笑）。プチ鹿島さんも新聞の読み比べとか

構成：井上崇宏

やってるでしょ。

――鹿島さんは13紙の読み比べをやってるんですよね。

坂井　俺は新潟日報と日刊工業新聞を読み比べてますよ。

――そこ比べるなよ（笑）。

坂井　アッハッハッハ！

――要するにＣｌｕｂｈｏｕｓｅで新聞を読みながらやったほうが内容が頭に入るってことだね。

坂井　そうですね。話しながら第三者に聴いてもらって、ちょっと解説も入れてってというか。

――そうすると自分でも要点を押さえられると。

坂井　それをやっててうれしいのがね、たくさん記事が載ってるわけでしょ。日刊工業新聞は30ページ近くある新聞ですから。その中から自分が気になるニュースを４つ、5つね、「あっ、こんなニュースが載ってましたね」みたいな感じでピックアップしているんですけど、たとえば「豚の骨に汚染水を浄化する機能が発見されて、そのことを原子力機構が注目している」っていうようなニュースだったり。それをＣｌｕｂｈｏｕｓｅで話したあとに『日刊工業新聞ビズライン』っていうツイッターの公式アカウントを見ると、今日の見出しを何個かピックアップしていて、それと俺のセレクトがだいたい合ってるんですよ。

――なるほど。

坂井　注目すべき記事が公式と同じセレクトなんですよ。そうなってくると自分もなかなかいいところを突けてるかなっていう。それがツイートされるのがだいたい朝9時くらいだから、俺はその前に読んでおくっていう。

――それもモーニング・ルーティーンだ。

坂井　でも俺が日刊工業新聞を読んでても井上さんくらいしか入ってくれないですよね（笑）。

――そんなことないでしょ。毎日１００人くらい聴いてるじゃない。

坂井　でも「誰か日刊工業新聞を読んでる方はいますか？」って聞いても誰も挙手しない。まあ、みんなで話をするっていうのが本来の目的だとは言うけれど、べつにこういうものがあっても俺はいいかなと思ってますよ。楽器を演奏するかのようにね。

――全然いいでしょうよ。相互的である必要がないというか。

坂井　ないですよね。

――いや、あの日刊工業新聞を読んでるお父さんの声が妙に心地いい（笑）。

坂井　えっ、心地いい？　聴き心地がいいってこと？

――うん。淡々としていて、朝の気分に合う。

坂井　朝のラジオなんですね。

――「それではみなさん、元気に行ってらっしゃい」って言ってほしいもん。

坂井　あっ、最後に？（笑）。じゃあ、もうちょっと早い時間帯のほうがいいのかな？

――もうちょっと早めたほうがいいかもしれない（笑）。

坂井　8時くらいでいいですか？

――その時間帯だとたぶん私は起きてないですけど（笑）。

坂井　いや、ぶっちゃけね、Ｃｌｕｂｈｏｕｓｅにはあれだけ意識が高い人たち、ビジネスマンたちが巣食っているわけじゃないですか？　俺はそういう人たちに向けて日刊工業新聞を読んでるんですよ。そうして産業界の人たちとお近づきになりたいと思ってやってるんですけど、なかなかそういう感じにもならないんですね。やっぱり相互フォローしなきゃダメなんですかね?

——なんの悩みだよ。

坂井 たくさんの人をトークルームに招いて器用にね、「はい、次はあなたと」って回す人は偉いんですか? クラハ回し屋って偉いんですか?

——クラハ回し屋（笑）。

坂井 なんですか、クラハ新潟県人会って。

——クラハ新潟県人会?

坂井 いや、プロフィールに「クラハ新潟県人会モデレーター」って書いてあるアカウントを見つけちゃって。「それ、プロフィールなんかい」と思って（笑）。

——できたてほやほやのここ1週間くらいの肩書きで（笑）。

坂井 ヤバいっスよね、ホントに。「ここからここは俺の土地」みたいな感じでやってるヤツがもういるんですよ。

——陣地取りだ。

坂井 まあ、俺の中にも「日刊工業新聞は俺のものだ」っていう意識はすでにありますけど（笑）。たぶん日刊工業新聞側ももう私の動きに気づいてはいると思います。

「このたびついに悲願であった新型ディフェンダーを購入することができました」

——でしょうね。だってClubhouseで毎日『KAMINOGE』をブツブツ読んでる部屋があったとしたら、絶対に誰かから俺に連絡あるよね（笑）。

坂井 ありますよね。

——「井上さん、KAMINOGE回し屋がいますよ」って（笑）。

坂井 それは『KAMINOGE』を回し読みしてるってことですか?（笑）。だからそんな感じで、俺は最近Clubhouseで日刊工業新聞を読んじゃってるんですよね。午前とか昼に1時間くらい。日刊工業新聞をずっと読むだけなんで俺はホントに楽しいですよ（笑）。

——心なしか、声が弾んでるもんな（笑）。

坂井 でもね、俺は『まっする』の準備とかになったら東京に1週間くらい行くわけじゃないですか。その間はどうしたらいいと思います?

——それはだってホテルで話せばいいんじゃないの?

坂井 いや、日刊工業新聞が手元に届かないんですよ。

——コンビニで売ってないの?

坂井 コンビニで日刊工業新聞は売ってないでしょ（笑）。

——売ってるわけねえか（笑）。昔、五木田（智央）さんが東スポの連載エロ小説の挿絵を全部スクラップしてたけどね。

坂井 マジっスか（笑）。

——だから五木田さんが海外に行ってる間は友達が代わりに東スポを買ってたね。

坂井 俺も日刊工業新聞をスクラップすべきかな。やりすぎかな?

——でも、「どうしたらいいんですかね」って言われても、そういう日は休めばいいよね（笑）。

坂井 そうですよね。そのときはそっちの仕事に集中すればいいんですよね（笑）。

——そのときは代わりに週プロを読むとか。

坂井 たしかに気持ちをプロレスに切り替えなきゃいけない時期だからね。たしかにね、いまだって「プロレスに気持ちを切り替えていかなきゃいけない」っていうのはわかってるんですよ、ホントは。『まっする』みたいな集中力を要するものは特に。だけどまだ日刊工業新聞が抜けないっていうか、会社のことが気になってしょうがないんですよ。だからもうダメかもしれない。

――日刊工業新聞が抜けない（笑）。

坂井　おもしろいものを作れる気がしないですよ、ホントに。

――いやいや、またこれから日刊工業新聞の要素を盛り込んだ『まっする』が始まるわけでしょ？（笑）。

坂井　アッハッハッハ！　日刊工業新聞からインスピレーションを受けるんですか？

――もうひそかに受けてるでしょ？（笑）。

坂井　受けてる。ちょっと日刊工業新聞で読んで得た情報を会社のミーティングみたいなのでも言っちゃいますもん。

――さっきつまんだばかりの情報を（笑）。

坂井　「これとこれ、関係があるんじゃないですかね」とか「こういう受注に結びつくんじゃないですかね」とか。そういう情報を数人の幹部たちと共有していますよ。

――まあ、なんでも血肉化してしまう天才だもんな。

坂井　なんでもって言うけど、俺はビットコインとかで儲けようっていう気にはならないんですよねえ。また爆上がりするって話題になってますけど。

――俺もまるで興味がないな。

坂井　そうでしょ？　「仕事がうまくいかなくなるんじゃないか」って気がしますよね。

――するねえ。何かを得た代わりに何かを失うっていう。

坂井　そうなんですよ。いやー、マジでなんかいいことねえかなあ。そうだ、日刊工業新聞は金型の雑誌も作ってますからね？

――それ、前に坂井精機にも置いてたやつよね？

坂井　そう。『月刊型技術』。あれは日刊工業新聞発行なんで。前に井上さんにも言ったでしょ。『月刊型技術』の編集部から「1回お会いましょう」ってメールが来て、会ってみたら「これから企業の三代目になる上での奮闘記のようなコラムを書いてもらえませんか？」みたいなオファーを受けたけど俺がちょっとビビって辞退してしまったという。

――そんな、金型業界にとっては『週刊文春』でコラムを持つぐらいの大事なオファーを断るなんて（笑）。

坂井　いま思えばそうなんですよ。文春で「藝人春秋」を連載するようなものですよね。

――「金型春秋」ね（笑）。

坂井　でもClubhouseで日刊工業新聞を読むっていうのも、始めてまだ1週間くらいですから。もうちょっと続けて実績を作らないと。

――大変だな。

坂井　大変ですよ。物語を紡いでいかなきゃいけないわけですから。あっ、そうだ。あと最後にこの報告だけ。ええっと、これは井上さんとよく話してることですけど、私が新潟に帰ってきて苦節10年ですか。いままでは会社のクルマである日産ウイングロード、そして父親のお古だったシーマを乗ってきましたけど、このたびついに悲願であった新型ディフェンダーを私は購入することができました。

――おめでとうございます！（笑）。いやいや、納車の模様を画像で送ってもらいましたけど、まあデカいクルマですね。だってオーダーしたのが？

坂井　ちょうど去年のいま頃ですね。ビフォー・コロナ。

――ビフォー・コロナにオーダーした（笑）。世界が、そして会社がこんな状況になることも知らずオーダーして、イギリスで1年かけて着々と組み立てられて（笑）。

坂井　二度のロックダウンがありながらね。それから日本に来てオプションパーツを着けられ、そして納車です。それがもう私はうれしいんだけど、時節柄マジで気まずくて……。

KAMINOGE №111

次号 KAMINOGE112 は
2021 年 4 月 5 日（月）発売予定！

ニューヨーク・嶋佐氏の弟（中央）を
シモキタでキャッチ！
ただそんだけ!!

2021 年 3 月 16 日
初版第 1 刷発行

発行人
後尾和男

制作
玄文社

編集
有限会社ペールワンズ
（『KAMINOGE』編集部）
〒154-0011
東京都世田谷区上馬 1-33-3
KAMIUMA PLACE 106

WRITE AND WRITE
井上崇宏
堀江ガンツ

編集協力
佐藤篤
村上陽子

デザイン
高梨仁史

表紙デザイン
井口弘史

カメラマン
タイコウクニヨシ
保高幸子

編者
KAMINOGE 編集部

発行所
玄文社
［本社］
〒107-0052
東京都港区高輪 4-8-11-306
［事業所］
東京都新宿区水道町 2-15
新灯ビル
TEL:03-5206-4010
FAX:03-5206-4011

印刷・製本
新灯印刷株式会社

本文用紙：
OK アドニスラフ　W A/T 46.5kg